这十年

中国国家博物馆
中国广播影视出版社 编

中国广播影视出版社

图书在版编目（CIP）数据

这十年 / 中国国家博物馆，中国广播影视出版社编
. -- 北京 : 中国广播影视出版社，2022.10（2023.10 重印）
ISBN 978-7-5043-8906-0

Ⅰ. ①这… Ⅱ. ①中… ②中… Ⅲ. ①博物馆 - 藏品
- 中国 - 图集②新闻摄影 - 中国 - 现代 - 摄影集 Ⅳ.
①G269.271-64②J429.1

中国版本图书馆CIP数据核字(2022)第149491号

这十年

中国国家博物馆　中国广播影视出版社　编

出版人　纪宏巍
策划编辑　冯　岩　何佳虹
责任编辑　余潜飞　冯　岩
装帧设计　何佳虹　米若兰
责任校对　张　哲　龚　晨

出版发行　中国广播影视出版社
电　　话　010-86093580　010-86093583
社　　址　北京市西城区真武庙二条 9 号
邮　　编　100045
网　　址　www.crtp.com.cn
电子信箱　crtp@sina.com

经　　销　全国各地新华书店
印　　刷　北京凯德印刷有限责任公司

开　　本　889 毫米 × 1194 毫米　1/32
字　　数　120（千）字
印　　张　23.75
版　　次　2022 年 10 月第 1 版　2023 年 10 月第 3 次印刷

书　　号　ISBN 978-7-5043-8906-0
定　　价　118.00 元

编辑委员会

一月

记录新时代

★ 2012 年 11 月 14 日，中国共产党第十八次全国代表大会闭幕会在北京人民大会堂举行。

一　月

1

记录新时代

★ 2012 年 11 月 29 日，习近平总书记在中国国家博物馆参观《复兴之路》展览时提出并阐述了“中国梦”。

一 月

2

记录新时代

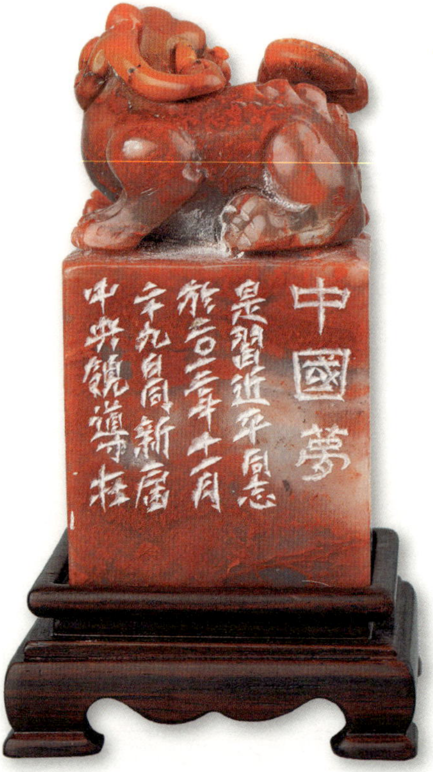

《中国梦》印章

一　月

3

记录新时代

★ 2012 年 12 月 4 日，中共中央政治局审议通过《十八届中央政治局关于改进工作作风、密切联系群众的八项规定》。图为 2014 年，杭州西湖十景之一的“曲院风荷”内，高档会所“西湖会”的“荷香酒溢”招牌被换成大众化的“开心茶馆”。

一　月

4

记录新时代

★ 2013 年 1 月 26 日，我国自主发展的大型运输机——运-20 首次试飞成功。

一　月

5

记录新时代

《中华人民共和国第十二届全国人民代表大会》纪念邮票

★ 2013 年 3 月 5 日，中华人民共和国第十二届全国人民代表大会第一次会议在北京人民大会堂隆重开幕。

一　月

6

记录新时代

★ 2013年4月26日，我国成功发射高分辨率对地观测系统首星高分一号。图为工作人员在酒泉卫星发射中心指控大厅宣布发射成功。

一　月

7

记录新时代

★ 2013 年 4 月，渤海粮仓科技示范工程正式启动。图为 2020 年 6 月 12 日，联合收割机在河北省泊头市西辛店乡大付村的麦田里作业。

一　月

8

记录新时代

★ 2013 年 6 月 20 日，“神舟十号”航天员在“天宫一号”开展我国首次太空授课。图为学生们观看航天员展示失重环境下物体运动特性、液体表面张力特性等物理现象。

一 月

9

记录新时代

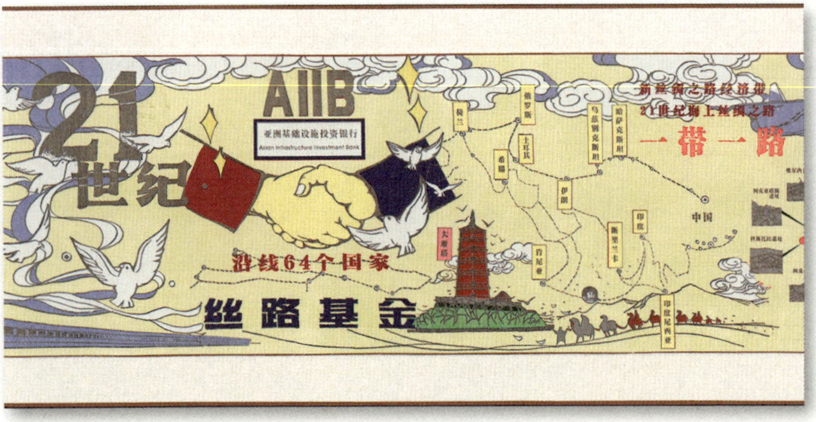

《丝绸之路手绘长卷》宋锦版织造（局部）

★ 《丝绸之路手绘长卷》宋锦版织造以时间为轴、系统绘画叙事的方式，把从远古时期栽桑养蚕到如今“新丝绸之路经济带”建设过程进行串联描绘，再现了在不同时期中国丝绸之路发展和人文经典。

一 月

10

记录新时代

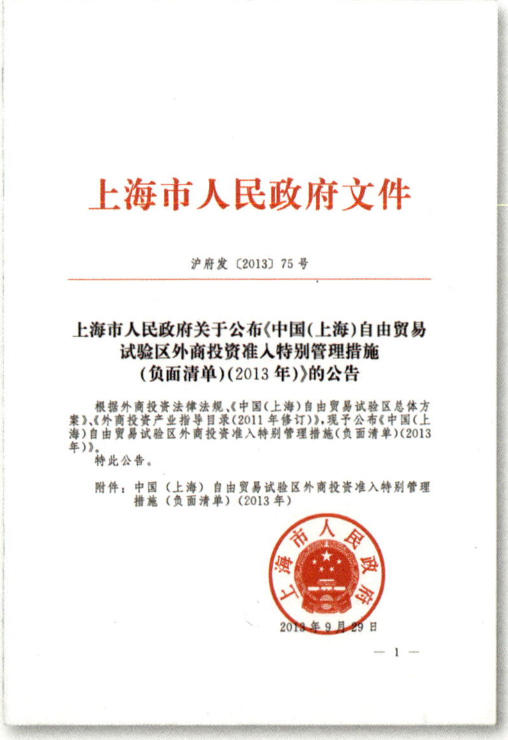

上海市人民政府文件

沪府发〔2013〕75号

上海市人民政府关于公布《中国(上海)自由贸易试验区外商投资准入特别管理措施(负面清单)(2013年)》的公告

根据外商投资法律法规、《中国(上海)自由贸易试验区总体方案》、《外商投资产业指导目录(2011年修订)》，现予公布《中国(上海)自由贸易试验区外商投资准入特别管理措施(负面清单)(2013年)》。

特此公告。

附件：中国（上海）自由贸易试验区外商投资准入特别管理措施（负面清单）（2013年）

上海市人民政府

2013年9月29日

— 1 —

上海市人民政府关于公布《中国（上海）自由贸易试验区外商投资准入特别管理措施（负面清单）（2013年）》的公告

★ 2013年，我国推出自贸试验区第一张外商投资准入负面清单。

一　月

11

记录新时代

★ 2013 年 12 月 4 日，中国珠算项目被正式列入联合国教科文组织人类非物质文化遗产代表作名录。图为中国珠算博物馆收藏的珍珠算盘。

一　月

12

记录新时代

“嫦娥三号”月面巡视探测器（“玉兔号”月球车）高仿真电动模型

★ 2013 年 12 月 15 日，“嫦娥三号”探测器首次实现我国航天器在地外天体软着陆和巡视勘察。

一　月

13

记录新时代

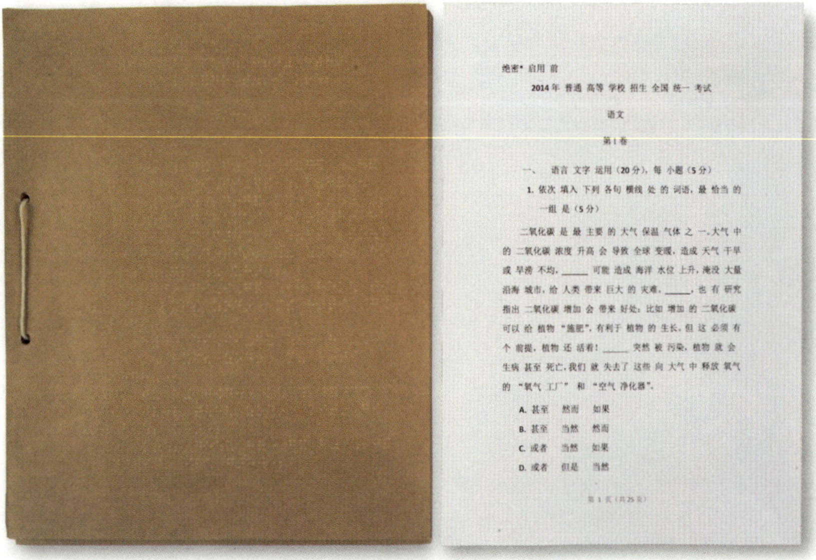

绝密* 启用 前

2014 年 普通 高等 学校 招生 全国 统一 考试

语文

第I卷

一、 语言 文字 运用（20 分），每 小题（5 分）

1. 依次 填入 下列 各句 横线 处 的 词语，最 恰当 的 一组 是（5 分）

二氧化碳 是 最 主要 的 大气 保温 气体 之 一。大气 中 的 二氧化碳 浓度 升高 会 导致 全球 变暖，造成 天气 干旱 或 旱涝 不均，______ 可能 造成 海洋 水位 上升，淹没 大量 沿海 城市，给 人类 带来 巨大 的 灾难。______，也 有 研究 指出 二氧化碳 增加 会 带来 好处：比如 增加 的 二氧化碳 可以 给 植物 “施肥”，有利于 植物 的 生长。但 这 必须 有 个 前提，植物 还 活着！______ 突然 被 污染，植物 就 会 生病 甚至 死亡，我们 就 失去了 这些 向 大气 中 释放 氧气 的 “氧气 工厂” 和 “空气 净化器”。

A. 甚至　然而　如果

B. 甚至　当然　然而

C. 或者　当然　如果

D. 或者　但是　当然

第 1 页（共 25 页）

2014 年高考盲文试卷（语文试卷及首页翻译对照）

★ 2014 年，我国首次使用高考盲文试卷。

一 月

14

记录新时代

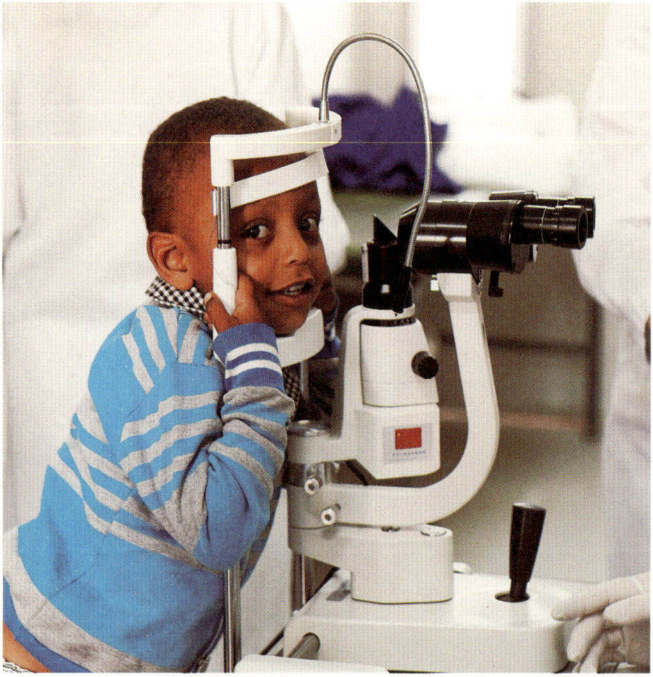

★ 2014年5月，在埃塞俄比亚首都亚的斯亚贝巴的阿勒特医院，一名小朋友等待参加“光明行”活动的中国眼科专家为他看诊。

一　月

15

记录新时代

★ 2014 年 8 月 7 日，广西壮族自治区扶绥县在开展第二批党的群众路线教育实践活动中实行下沉服务平台等举措，为群众办理业务。

一　月

16

记录新时代

★ 2014 年 9 月 17 日，由中国交通建设股份有限公司与斯里兰卡国家港务局共同开发的科伦坡港口城开工建设。图为 2021 年 12 月 2 日拍摄的斯里兰卡科伦坡港口城全景。

一 月

17

记录新时代

★ 2014 年 10 月，一名外国小选手在安徽省池州市举办的第六届世界传统武术锦标赛中参加传统拳术比赛。

一　月

18

记录新时代

★ 2014年10月，中车长春轨道客车股份有限公司中标284列波士顿红线和橙线地铁。图为2017年10月，由中车长客研制的首批美国波士顿橙线地铁列车在长春下线，成为首次登陆美国市场的国产轨道交通装备。

一　月

19

记
录
新
时
代

★ 2014 年 10 月 15 日，收割机在浙江省湖州市吴兴区新农村综合改革试验区内的成熟水稻田里进行收割作业。

一　月

20

记录新时代

★ 2014 年 11 月 1 日，十二届全国人大常委会第十一次会议表决通过决定，将 12 月 4 日设立为“国家宪法日”。图为 2014 年 12 月 4 日，陕西省西安市市民在首个国家宪法日宣传活动现场观看“依法治国”宣传展板。

一 月

21

记录新时代

★ 2014 年 11 月 10 日—11 日，亚太经济合作组织(APEC)第二十二次领导人非正式会议在北京举行。图为 2014 年 11 月 10 日拍摄的为庆祝 APEC 会议举行的焰火表演。

一　月

22

记录新时代

★ 2014 年 11 月 18 日，中欧班列“浙江义乌—西班牙马德里”铁路正式开通。图为开通当日，运载着 82 个标箱出口小商品的首趟“义新欧”班列从浙江省义乌市鸣笛开行，奔向 13052 千米之遥的西班牙马德里市。

一　月

23

记录新时代

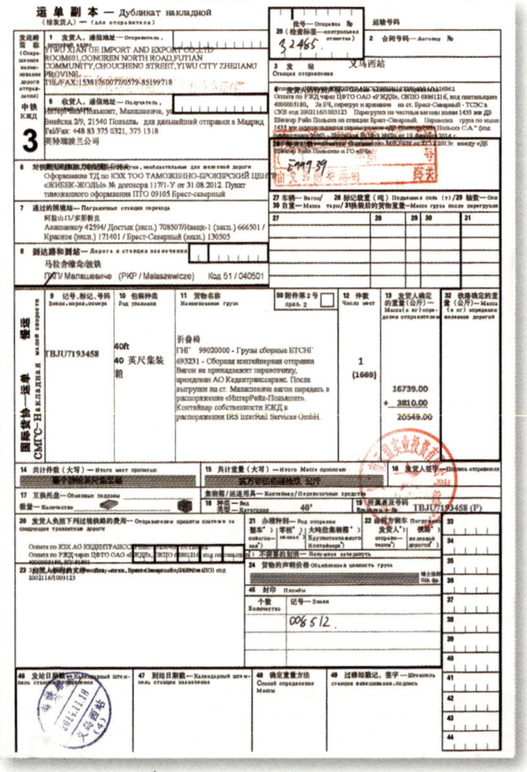

运单副本 — Дубликат накладной
（给发货人）— (для отправителя)

批号— Отправка №
25（检查标签—контрольная отметка）
32465.

运输号码

2 合同号码 — Договор №

1 发货人，通信地址 — Отправитель, почтовый адрес
YIWU XIAN GE IMPORT AND EXPORT CO.,LTD
ROOM601,GONGREN NORTH ROAD,FUTIAN
COMMUNITY,CHOUCHENG STREET,YIWU CITY ZHEJIANG
PROVINE
TEL/FAX:15381760077/0579-85199718

3 发站 Станция отправления 义乌西站

5 收货人，通信地址 — Получатель, почтовый адрес
Вийска 2/9, 21540 Польша, для дальнейшей отправки в Мадрид
Tel/Fax: +48 83 375 0321, 375 1318
英特瑞波兰公司

中铁 КЖД 3

Оплата по РЖД через ЦФТО ОАО «РЖД», ОКПО 68861216, код плательщика 4000005180, За БЧ, перегруз и хранение на ст. Брест-Северный - ТСЭС в СКВ под 2002116/1003123

E999 39

6 Оформление ТД по КЗХ ТОО ТАМОЖЕННО-БРОКЕРСКИЙ ЦЕНТР «ЖИБЕК-ЖОЛЫ» № договора 117/1-У от 31.08.2012. Пункт таможенного оформления ПТО 09105 Брест-северный

27 车辆— Вагон/ 28 标记载重（吨）Подъемная сила (т)/29 轴数— Оси
30 自重— Масса тары/31换装后的货物重量— Масса груза после перегрузки

7 通过的国境站— Пограничные станции перехода
阿拉山口/多斯特克
Алашанькоу 42594/ Достык (эксп.) 708507/Инецк-1 (эксп.) 666501 / Красное (эксп.) 171401 / Брест-Северный (эксп.) 130505

8 到达路和到站— Дорога и станция назначения
马拉舍维奇/波铁
ПКП/ Малашевиче (PKP / Malaszewicze) Код 51 / 040501

国际货协—运单 СМГС-Накладная
慢运 малой скорости

9 记号、标记、号码 Знаки, марки, номера	10 包装种类 Род упаковки	11 货物名称 Наименование груза	12 件数 Число мест	13 发货人确定的重量（公斤）— Масса (в кг) определена отправителем	32 铁路确定的重量（公斤）— Масса (в кг) определена железной дорогой
TBJU7193458	40ft 40 英尺集装箱	折叠椅 ГНГ 99020000 - Грузы сборные ЕТСНГ 693231 - Сборная контейнерная отправка Вагон не принадлежит перевозчику, арендован АО Кедентранссервис. После выгрузки на ст. Малашевиче вагон передать в распоряжение «ИнтерРейл-Польконт». Контейнер собственности КЖД в распоряжении IRS InterRail Services GmbH.	1 (1669)	16739.00 + 3810.00 20549.00	

14 共计件数（大写）— Итого мест прописью
[redacted]

15 共计重量（大写）— Итого Масса прописью
[redacted]

16 发货人签字— Подпись отправителя

17 互换托盘— Обменные поддоны
数量— Количество

集装箱/运送用具— Контейнер/Перевозочные средства
18 种类— Вид 类型— Категория 40'
19 所属者及号码 TBJU7193458 (P)

20 发货人负担下列过境铁路的费用— Отправителем приняты платежи за следующие транзитные дороги
Оплата по КЗХ АО КЕДЕНТРАНССЕРВИС
Оплата по РЖД через ЦФТО ОАО «РЖД», ОКПО 68861216 код плательщика 4000005180

21 办理种别— Род отправки
整车 повагонная / 零担 мелкая / 大吨位集装箱 Крупнотоннажного Контейнера
22 由何方装车 Погрузка
发货人 отправителем / 铁路 железной дорогой
不需要的划消— Ненужное зачеркнуть

23
2002116/1003123

24 货物的声明价格 Объявленная ценность груза
[redacted]
瑞士法郎 Шв. фр.

45 封印 Пломбы
个数 Количество
记号— Знаки
008512.

46 发站日期戳— Календарный штемпель станции отправления
2014.11.18 义乌西站 (4)

47 到站日期戳— Календарный штемпель станции назначения

48 确定重量方法 Способ определения Массы

49 过磅站戳记，签字— Штемпель станции взвешивания, подпись

2014 年“义新欧”首发班列运单副本

一 月

24

记录新时代

★ 2014 年 12 月 3 日，湖北省武汉市第十座长江大桥——杨泗港长江大桥动工兴建，并于 2019 年 10 月 8 日通车运营。图为 2019 年 9 月 25 日拍摄的武汉杨泗港长江大桥。

一 月

25

记录新时代

长征运载火箭发射 200 次纪念珍藏邮册内的长征四号运载火箭邮封

★ 2014 年 12 月 7 日，我国自主研制的长征四号乙运载火箭在太原卫星发射中心将中巴地球资源卫星 04 星准确送入预定轨道。这是我国长征系列运载火箭的第 200 次发射。

一　月

26

记录新时代

湖南省花垣县排碧乡十八洞村村支部、村委会颁发给该村村民的“思想道德建设星级化管理模式”五星星级牌

一　月

27

记录新时代

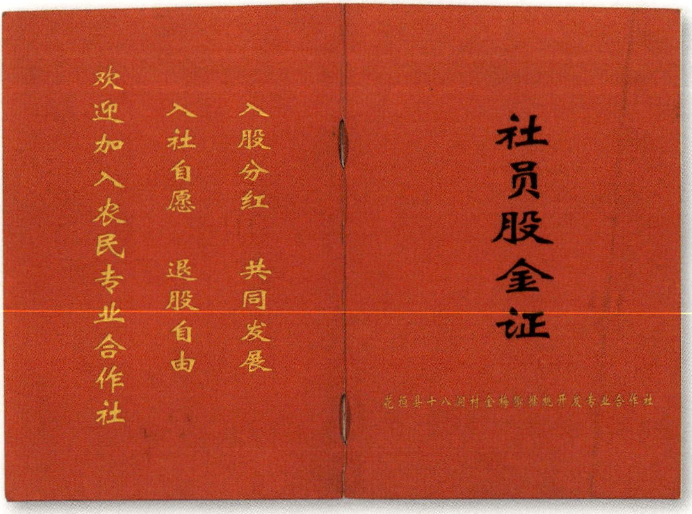

湖南省花垣县排碧乡十八洞村金梅猕猴桃开发专业合作社发给该村村委会主任的社员股金证

一　月

28

记录新时代

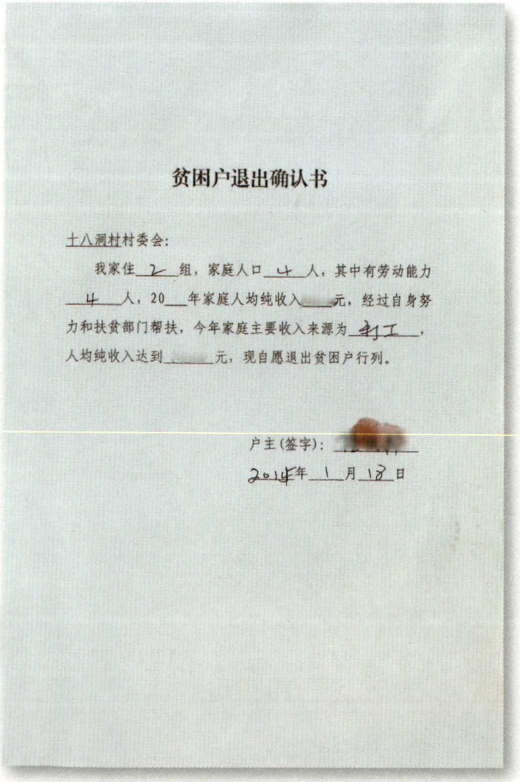

贫困户退出确认书

十八洞村村委会：

我家住 2 组，家庭人口 4 人，其中有劳动能力 4 人，20___年家庭人均纯收入____元，经过自身努力和扶贫部门帮扶，今年家庭主要收入来源为 打工 ，人均纯收入达到_____元，现自愿退出贫困户行列。

户主（签字）：

2014年 1 月 18 日

湖南省花垣县排碧乡十八洞村贫困户的《贫困户退出确认书》

一　月

29

记录新时代

★ 2014 年 12 月 22 日，我国首支赴南苏丹维和步兵营在山东省莱阳市举行出征誓师大会。

一　月

30

记录新时代

★ 2014 年 12 月 31 日，我国最长的高速公路——连（云港）霍（尔果斯）高速公路全线通车。图为 2018 年拍摄的连霍高速公路新疆果子沟段。

一　月

31

记录新时代

二月

记录新时代

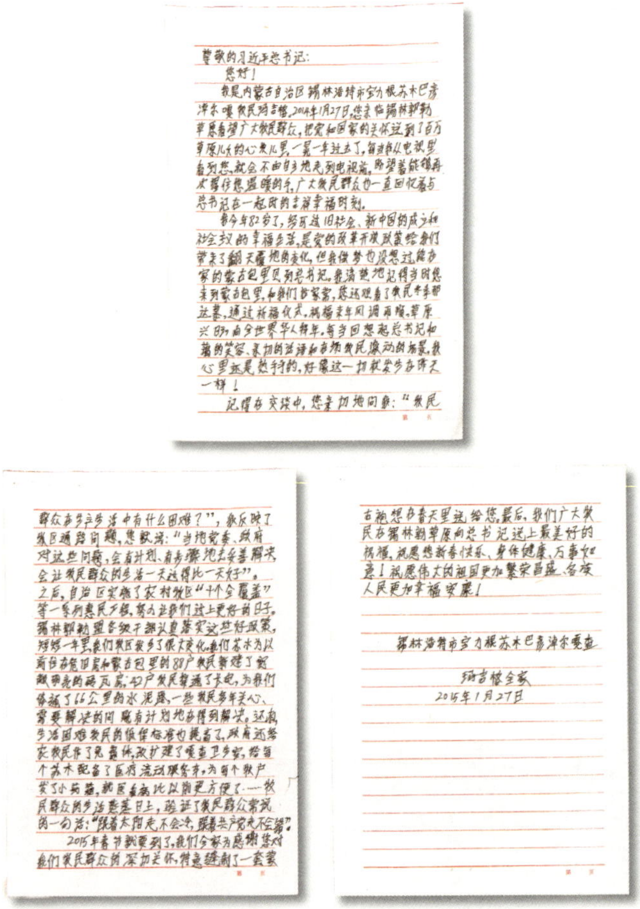

尊敬的习近平总书记：

您好！

我是内蒙古自治区锡林浩特市宝力根苏木巴彦淖尔嘎查牧民玛吉格。2014年1月27日，您来临锡林郭勒草原看望广大牧民群众，把党和国家的关怀送到了百万草原儿女的心坎儿里，一晃一年过去了，每当我从电视里看到您，就会不由自主地走到电视前，盼望着能够再次握住您温暖的手，广大牧民群众也一直回忆着与总书记在一起时的吉祥幸福时刻。

我今年82岁了，经历过旧社会、新中国的成立和社会主义的幸福生活，是党的改革开放政策给我们带来了翻天覆地的变化，但我做梦也没想过能在家的蒙古包里见到总书记。我清楚地记得当时您来到蒙古包里，和我们拉家常，您还观看了牧民冬季那达慕，通过祈福仪式，祝福来年风调雨顺，草原兴旺，向全世界华人拜年。每当回想起总书记和蔼的笑容、亲切的话语和当场牧民激动的场景，我心里还是热乎乎的，好像这一切就发生在昨天一样！

记得在交谈中，您亲切地问我："牧民群众在生产生活中有什么困难？"，我反映了牧区道路问题，您就说："当地党委、政府对这些问题，会有计划、有步骤地去妥善解决，会让牧民群众的生活一天过得比一天好"。之后，自治区实施了农村牧区"十个全覆盖"等一系列惠民工程，努力让我们过上更好的日子。锡林郭勒盟各级干部认真落实这些好政策，短短一年里，我们牧区发生了很大变化。我们苏木为以前住在危旧房和蒙古包里的88户牧民新建了宽敞明亮的砖瓦房；42户牧民接通了长电，为我们修通了66公里的水泥路，一些牧民多年关心、需要解决的问题有计划地在得到解决。还有，生活困难牧民的低保标准也提高了，政府还给农牧民作了免费体检，扩建了嘎查卫生室，给每个苏木配备了医疗流动服务车，为每个牧户发了小药箱，就医看病比以前更方便了——牧民群众的生活蒸蒸日上，验证了牧民群众常说的一句话："跟着太阳走不会冷，跟着共产党走不会错"。

2015年春节就要到了，我们全家为感谢您对我们牧民群众的深切关怀，特意缝制了一套蒙古袍想在春天里送给您。最后，我们广大牧民在锡林郭勒草原向总书记送上最美好的祝福，祝愿您新春快乐、身体健康、万事如意！祝愿伟大的祖国更加繁荣昌盛、各族人民更加幸福安康！

锡林浩特市宝力根苏木巴彦淖尔嘎查

玛吉格全家

2015年1月27日

内蒙古自治区牧民玛吉格老人 2015 年 1 月 27 日写给习近平总书记的信

二　月

1

记录新时代

内蒙古自治区牧民玛吉格老人 2015 年给习近平总书记缝制的蒙古袍

二　月

2

记录新时代

★ 2015 年 3 月 26 日—29 日，博鳌亚洲论坛 2015 年年会在海南省琼海市博鳌镇举行。

二　月

3

记录新时代

★ 2015 年 4 月 1 日，东北、内蒙古重点国有林区全部停止天然林商业性采伐。图为内蒙古大兴安岭停伐纪念碑揭牌现场。

二　月

4

记录新时代

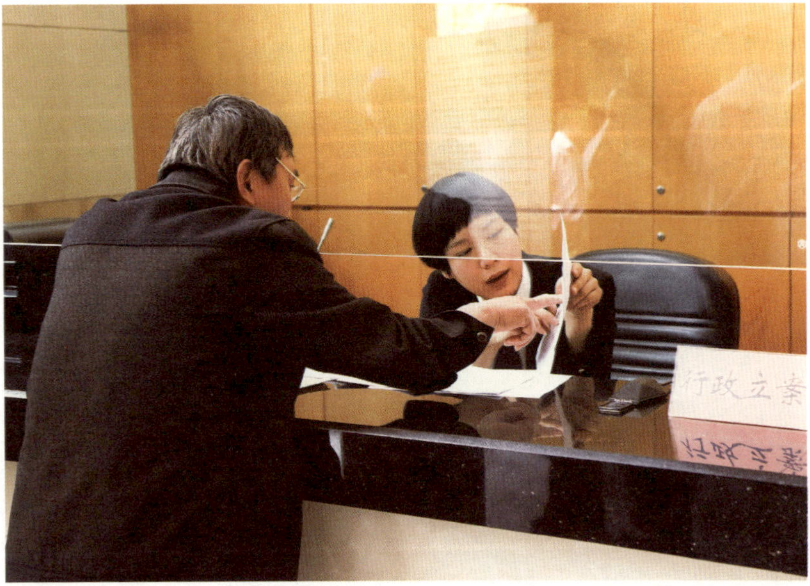

★ 2015 年 5 月 1 日，全国法院实行立案登记制，对依法应当受理的案件，做到有案必立、有诉必理，保证当事人诉权。图为 2015 年 5 月 4 日，上海市第二中级人民法院的工作人员在为当事人办理立案登记。

二　月

5

记
录
新
时
代

★ 2015 年 6 月 27 日，贵州省余庆县大乌江镇举行“传承红色文化，践行‘三严三实’重走长征路”为主题的体验教育活动。图为活动当日，穿着红军服装的工作人员扛着红军使用步枪的模型走在当年红军走过的山路上。

二　月

6

记录新时代

中国人民抗日战争胜利 70 周年纪念章

★ 2015 年 9 月 2 日，中国人民抗日战争胜利 70 周年纪念章颁发仪式在北京人民大会堂隆重举行。

二 月

7

记录新时代

“狼牙山五壮士英模部队”方队在阅兵式上高举的功勋旗

★ 2015 年 9 月 3 日，纪念中国人民抗日战争暨世界反法西斯战争胜利 70 周年大会在北京天安门广场隆重举行。

二　月

8

记
录
新
时
代

★ 2015 年 9 月 3 日，纪念中国人民抗日战争暨世界反法西斯战争胜利 70 周年大会在北京隆重举行。图为核导弹第二方队通过天安门广场。

二　月

9

记录新时代

★ 2015 年 9 月 8 日，西藏自治区成立 50 周年庆祝大会在拉萨布达拉宫广场隆重举行。图为标语方队经过布达拉宫广场主席台。

二　月

10

记录新时代

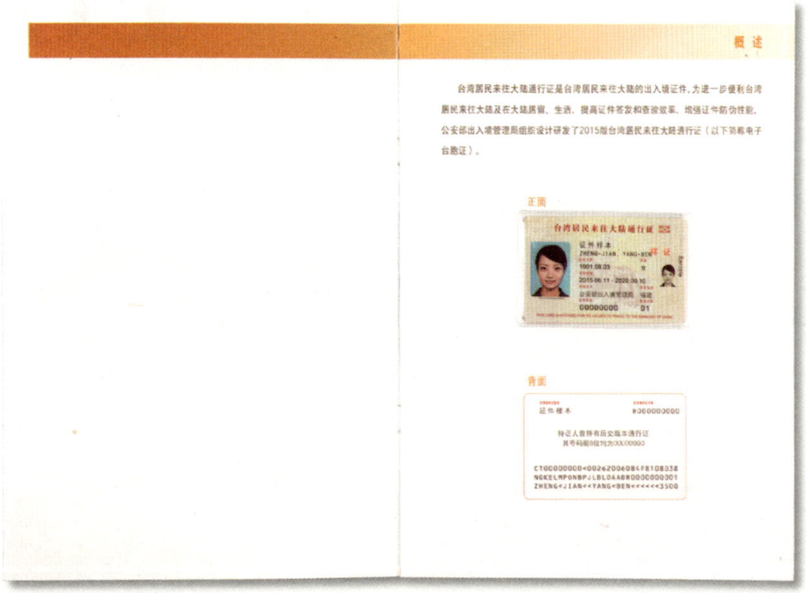

中华人民共和国公安部出入境管理处研发的 2015 版台湾居民来往大陆通行证（电子台胞证）样证

★ 2015 年 9 月 15 日，公安部宣布决定启用 2015 版台湾居民来往大陆通行证（简称电子台胞证、台胞卡），同时停止签发现行本式台胞证，为广大台胞提供更便捷、更高效的服务。

二 月

11

记录新时代

★ 2015 年 10 月 5 日，中国中医科学院研究员屠呦呦获得 2015 年诺贝尔生理学或医学奖。这是中国科学家因为在中国本土进行的科学研究而首次获诺贝尔科学奖。图为 2015 年 12 月 10 日，在瑞典首都斯德哥尔摩举行的 2015 年诺贝尔奖颁奖仪式上，屠呦呦从瑞典国王手中领取诺贝尔生理学或医学奖。

二　月

12

记录新时代

2015 年中央代表团向藏区牧民赠送的便携式太阳能卫星液晶数字电视一体机

二　月

13

记录新时代

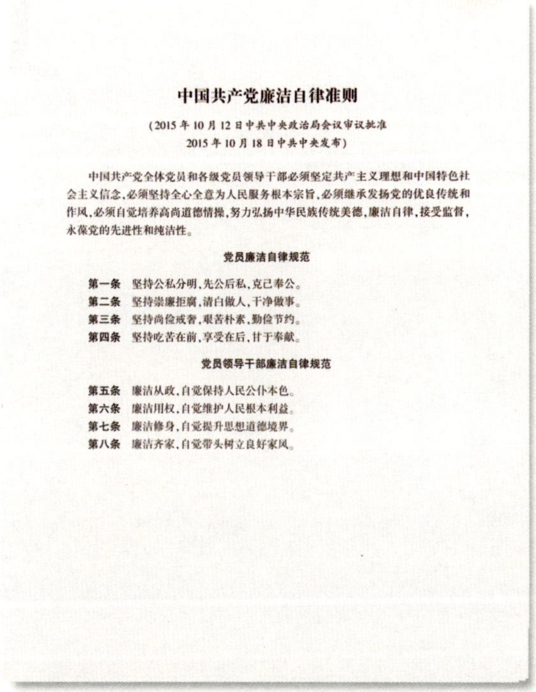

中国共产党廉洁自律准则

（2015年10月12日中共中央政治局会议审议批准
2015年10月18日中共中央发布）

中国共产党全体党员和各级党员领导干部必须坚定共产主义理想和中国特色社会主义信念，必须坚持全心全意为人民服务根本宗旨，必须继承发扬党的优良传统和作风，必须自觉培养高尚道德情操，努力弘扬中华民族传统美德，廉洁自律，接受监督，永葆党的先进性和纯洁性。

党员廉洁自律规范

第一条 坚持公私分明，先公后私，克己奉公。
第二条 坚持崇廉拒腐，清白做人，干净做事。
第三条 坚持尚俭戒奢，艰苦朴素，勤俭节约。
第四条 坚持吃苦在前，享受在后，甘于奉献。

党员领导干部廉洁自律规范

第五条 廉洁从政，自觉保持人民公仆本色。
第六条 廉洁用权，自觉维护人民根本利益。
第七条 廉洁修身，自觉提升思想道德境界。
第八条 廉洁齐家，自觉带头树立良好家风。

★ 2015年10月18日，中共中央发布《中国共产党廉洁自律准则》。

二　月

14

记录新时代

★ 2015 年 10 月 28 日，江西省万年县陈营镇马塘社区纪检监察工作人员为党员和群众做题为“把纪律挺在前面”的专题宣讲。

二　月

15

记录新时代

★ 2015 年 11 月 2 日，我国自主研制的首架 C919 大型客机在上海浦东基地总装下线。

二　月

16

记录新时代

★ 2015 年 12 月 17 日，我国空间科学卫星系列首发星——暗物质粒子探测卫星“悟空”在酒泉卫星发射中心搭乘长征二号丁运载火箭成功发射升空。

二　月

17

记录新时代

★ 2015 年 12 月 25 日，首个由我国倡议设立的多边金融机构——亚洲基础设施投资银行（亚投行）正式成立。图为 2021 年 10 月 25 日拍摄的亚投行标志。

二　月

18

记录新时代

★ 2015 年 12 月 31 日，中国人民解放军火箭军宣告成立。图为火箭军某旅发射一营官兵进行实弹发射训练。

二　月

19

记录新时代

★ 2016 年 1 月 10 日，江苏省省级机关公车改革取消车辆的首场公开拍卖在南京国际展览中心举行。

二　月

20

记录新时代

油画作品《时代领跑者之一》(局部 1)

二　月

21

记录新时代

★ 2016 年 5 月 11 日，河北省大厂回族自治县威武屯村党支部书记为村党员进行“两学一做”专题授课。

二　月

22

记录新时代

★ 2016 年 6 月 20 日，我国自主研制的第一台全部采用国产处理器构建的“神威·太湖之光”夺得世界超算冠军。图为 2018 年 10 月 16 日拍摄的安装在国家超级计算无锡中心的“神威·太湖之光”超级计算机。

二 月

23

记录新时代

《“神威·太湖之光”超级计算机》纪念邮票（2017 年 9 月发行）

二　　月

24

记录新时代

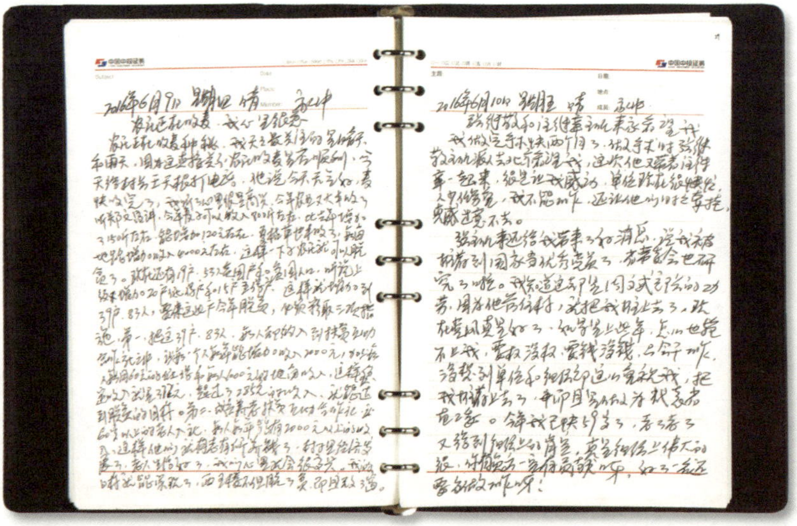

驻河南省确山县西王楼村第一书记吴树兰 2016 年的帮扶工作笔记

二　　月

25

记录新时代

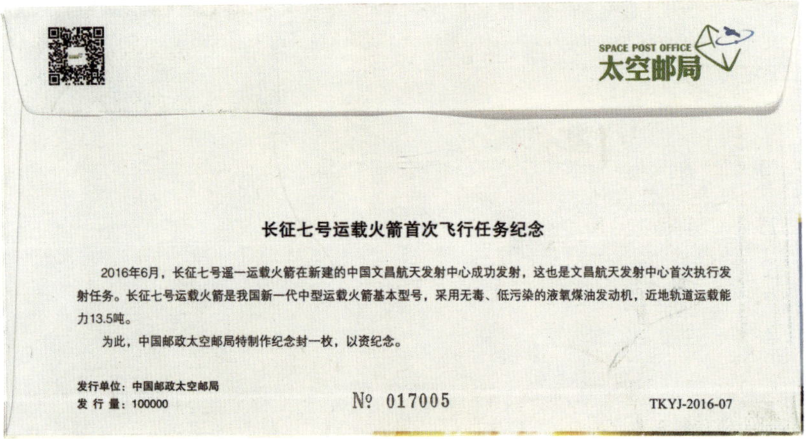

长征七号运载火箭首次飞行任务纪念封

★ 2016 年 6 月 25 日，长征七号运载火箭在海南文昌航天发射中心首次发射圆满成功。

二　月

26

记录新时代

文昌航天发射中心首次发射纪念封及明信片（2016 年 6 月 25 日发行）

二　月

27

记录新时代

★ 2016 年 7 月，全国首批十个国家公园体制试点区之一的湖南省南山国家公园体制试点区设立。图为 2021 年 9 月 23 日拍摄的南山国家公园体制试点区的白云湖国家湿地公园一角。

二 月

28/29

记录新时代

三月

记录新时代

★ 2016 年 8 月 16 日，我国成功发射世界首颗量子科学实验卫星“墨子号”。图为 2016 年 12 月 10 日在西藏阿里观测站拍摄到的“墨子号”过境图像。

三　月

1

记录新时代

★ 2016 年 9 月 4 日—5 日，二十国集团领导人第十一次峰会（G20）在杭州举行。图为 G20 杭州峰会主场馆——杭州国际博览中心。

三　月

2

记录新时代

G20 大型水上情景表演交响音乐会“最忆是杭州”节目单封面

★ 2016 年 9 月 4 日，G20 峰会“最忆是杭州”文艺演出在杭州举办，这是我国首次在户外的水上舞台举办的大型交响音乐会。

三 月

3

记录新时代

★ 2016 年 9 月 15 日—21 日，“和平使命 - 2016”上海合作组织联合反恐军事演习在吉尔吉斯斯坦举行。图为军事演习第三次实兵实弹合练中，中方自行火炮进行实弹射击。

三 月

4

记录新时代

★ 2016 年 9 月 27 日，福建省福州市长乐区的国土系统党员干部在市法院旁听某乡镇土地村建分管领导涉嫌职务犯罪案件的庭审。

三　月

5

记录新时代

★ 2016 年 9 月 30 日，山东省沂源县荆山路小学的学生在传统文化小课堂用书写的毛笔书法作品摆出“梦”字。

三　月

6

记录新时代

《扶贫日》纪念邮票（2016 年 10 月 17 日发行）

★ 2014 年 8 月 1 日，国务院决定从 2014 年起，将每年 10 月 17 日设立为“扶贫日”，即国家扶贫日。

三 月

7

记录新时代

《中国工农红军长征胜利八十周年》纪念邮票（2016年10月22日发行）

三　月

8

记录新时代

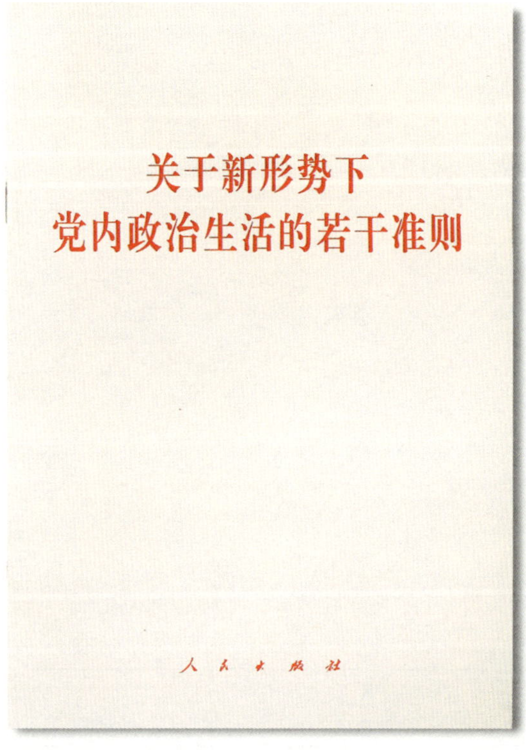

★ 2016 年 10 月 27 日，中国共产党第十八届中央委员会第六次全体会议通过《关于新形势下党内政治生活的若干准则》。

三　月

9

记录新时代

★ 2016 年 11 月 3 日，我国最大推力新一代运载火箭长征五号在文昌航天发射中心首次发射成功。图为处于转场过程中的长征五号运载火箭。

三 月

10

记录新时代

★ 2016 年 11 月 20 日，全球首个“熊猫电站”在山西省大同市正式启动。图为 2021 年 8 月 3 日拍摄的“熊猫电站”。

三　月

11

记录新时代

★ 2016 年 11 月 30 日，“二十四节气”被正式列入联合国教科文组织人类非物质文化遗产代表作名录。图为 2018 年 2 月 1 日，参观者在纽约联合国总部观看“二十四节气”创意作品展。

三　月

12

记录新时代

我国首颗由中学生全程参与研制并主导载荷设计的“八一·少年行”科普小卫星的初样电性星

★ 2016年12月28日，我国首颗由中学生参与研制的科普卫星“八一·少年行”搭载长征二号丁运载火箭在太原卫星发射中心顺利发射升空。

三　月

13

记录新时代

★ 2017年1月1日，王继才（2019年9月被授予“人民楷模”国家荣誉称号）、王仕花夫妇在江苏省开山岛的最东边举行升国旗仪式。

三　月

14

记录新时代

王继才、王仕花夫妇在驻守江苏省开山岛期间使用的德生牌收音机

三　月

15

记录新时代

杨利伟等 11 位执行过载人航天任务的航天员在 2017 年春节联欢晚会直播现场留下的手模（部分）

三　月

16

记录新时代

油画作品《时代领跑者之一》(局部 2)

三　月

17

记录新时代

★ 2017 年 1 月 11 日，我国最大规模“渔光互补”光伏发电项目在浙江省宁波市慈溪周巷水库和长河水库投运。图为 2016 年 12 月 31 日拍摄的装机 100 兆瓦的浙江慈溪“渔光互补”光伏发电项目一期。

三　月

18

记录新时代

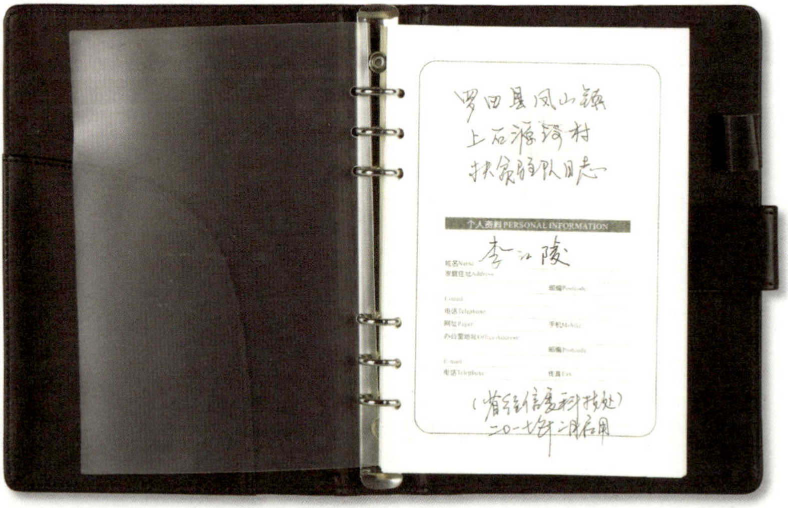

驻湖北省罗田县凤山镇上石源河村扶贫工作队队长李江陵 2017 年的帮扶工作日志

三　月

19

记录新时代

ZHB

排污许可证

证书编号：91469027793114699X001P

单位名称：华能海南发电股份有限公司海口电厂

注册地址：海南省澄迈县

法定代表人：符和万

生产经营场所地址：海南省澄迈县老城开发区马村

行业类别：火力发电

组织机构代码：

统一社会信用代码：91469027793114699X

有效期限：自 2017 年 03 月 13 日至 2020 年 03 月 12 日止

发证机关：（盖章）海南省生态环境保护厅

发证日期：2017 年 03 月 13 日

中华人民共和国环境保护部监制

海南省生态环境保护厅印制

首张具有全国统一编码的排污许可证

★ 2017 年 3 月 13 日，海南省生态环境保护厅向华能海南发电股份有限公司海口电厂签发首张具有全国统一编码的排污许可证。

三　月

20

记录新时代

★ 2017 年 3 月 21 日，我国首个大型页岩气田——涪陵页岩气田累计供气突破 100 亿立方米。图为位于重庆市涪陵区的涪陵页岩气田脱水站。

三 月

21

记录新时代

★ 2017 年 3 月 30 日，工作人员在中国（廊坊）虚拟现实产业加速中心演示 R22 飞行模拟器。

三　月

22

记录新时代

★ 2017 年 4 月 20 日，我国自主研制的首艘货运飞船“天舟一号”成功发射。图为北京航天飞行控制中心大厅的大屏幕上显示“‘天舟一号’货运飞船点火升空”。

三 月

23

记录新时代

★ 2017 年 4 月 26 日，我国首艘自主研发航母“山东舰”正式下水。

三　月

24

记录新时代

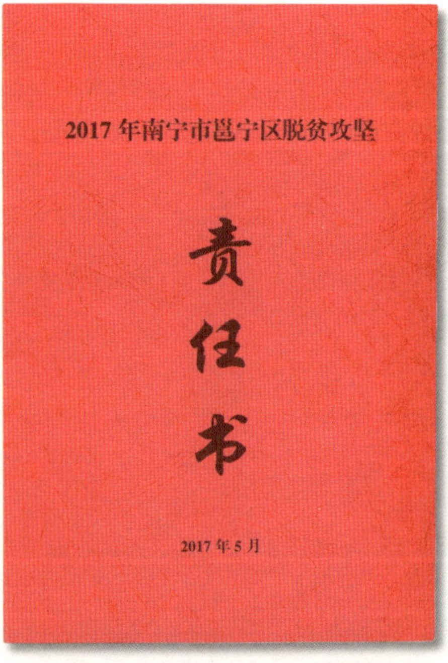

中共邕宁区那楼镇委员会、那楼镇人民政府签署的“2017年南宁市邕宁区脱贫攻坚责任书”

三　月

25

记录新时代

★ 2017 年 5 月 14 日—15 日，“一带一路”国际合作高峰论坛在北京怀柔雁栖湖国际会议中心举行。图为 2019 年拍摄的怀柔雁栖湖国际会议中心。

三　月

26

记录新时代

“一带一路”国际合作高峰论坛文艺演出“千年之约”晚会节目单封面

★ 2017 年 5 月 14 日，“一带一路”国际合作高峰论坛文艺演出“千年之约”在北京国家大剧院举行。

三　月

27

记录新时代

★ 2017年5月18日，南海神狐海域天然气水合物试采成功，我国成为世界上首个成功试采海域天然气水合物的国家。图为在我国南海神狐海域进行天然气水合物试采作业的“蓝鲸一号”钻探平台。

三　月

28

记录新时代

丝路金桥摆件

★ 2017 年 5 月 23 日，以“大国匠心，青瓷绽放”为主题的国用青瓷发布会在北京雁栖湖国际会议中心举办。

三　月

29

记录新时代

★ 2017 年 5 月 31 日，采用中国标准建造的肯尼亚近百年来新建的第一条现代化铁路——蒙内铁路通车运营。图为 2017 年 5 月 12 日，列车从肯尼亚蒙内铁路沿线的马泽拉斯铁路大桥上驶过。

三　月

30

记录新时代

★ 2017 年 6 月 13 日，我国首台自主设计、自主集成研制的作业型深海载人潜水器——“蛟龙号”圆满完成为期 5 年的试验性应用航次全部下潜任务。图为“蛟龙号”载人潜水器离开“向阳红 09”科学考察船准备进入水中，进行中国大洋 38 航次最后一潜。

三　　月

31

记录新时代

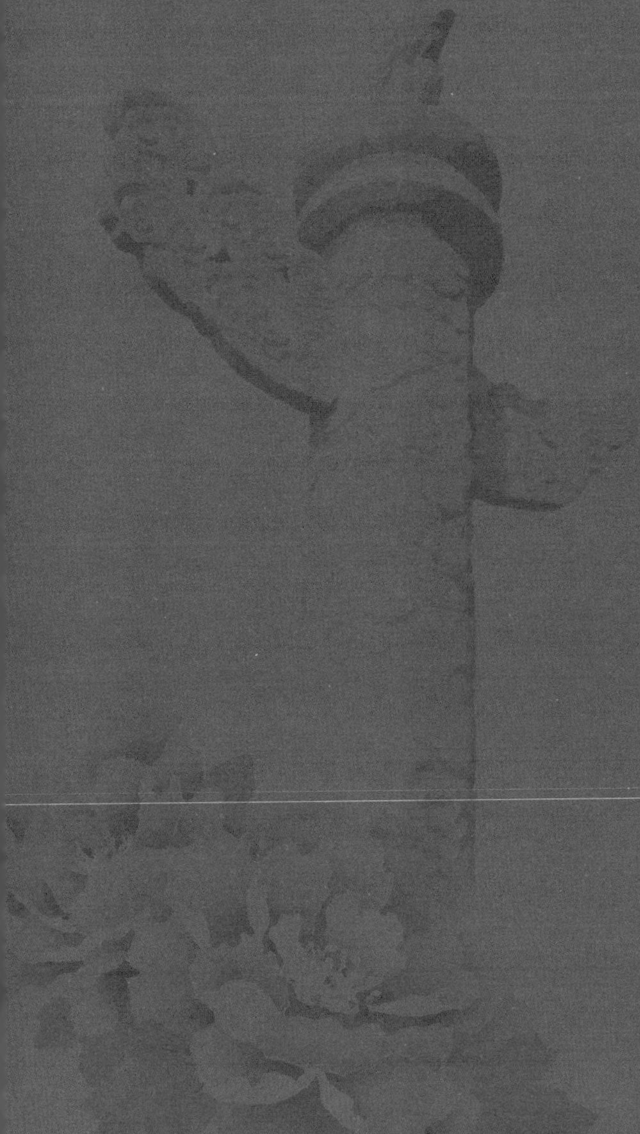

四月

记录新时代

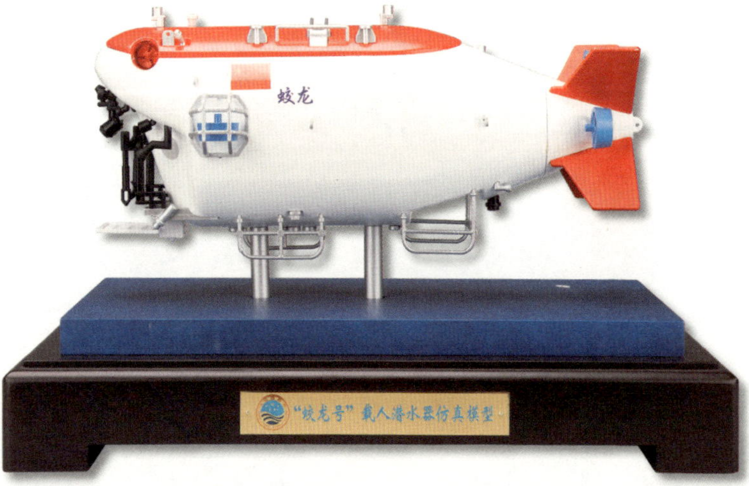

我国首台自主设计、自主集成研制的作业型深海载人潜水器——“蛟龙号”载人潜水器仿真模型

四　月

1

记录新时代

★ 2017 年 6 月 14 日，宁夏回族自治区西吉县震湖乡陈岔小学的孩子在教室吃着由国家提供补助的营养餐。

四　月

2

记录新时代

★ 2017年6月19日拍摄的地处四川省越西县的“广东（佛山）新村”易地扶贫搬迁集中安置点。

四　　月

3

记录新时代

《香港回归祖国二十周年》纪念邮票（2017 年 7 月 1 日发行）

四月

4

记录新时代

★ 2017 年 7 月 7 日，世界最长的跨海大桥——港珠澳大桥主体工程全线贯通。图为 2020 年 9 月 12 日拍摄的港珠澳大桥。

四　月

5

记录新时代

★ 2017 年 7 月 11 日，中国人民解放军首个海外基地——驻吉布提保障基地成立暨部队出征仪式在广东湛江举行。图为搭载驻吉布提保障基地官兵的舰船解缆起航。

四　月

6

记录新时代

★ 2017 年 7 月 15 日，京新高速北京—新疆乌鲁木齐段全线贯通，这是目前世界上穿越沙漠里程最长的高速公路。图为 2021 年 6 月 29 日，在新疆维吾尔自治区巴里坤哈萨克自治县拍摄的京新高速公路。

2017

四月 7

记录新时代

★ 2017 年 7 月 28 日，中央军委首次举行颁授“八一勋章”和授予荣誉称号仪式。图为八一勋章证书。

四　月

8

记录新时代

★ 2017 年 7 月 30 日，庆祝中国人民解放军建军 90 周年阅兵在朱日和联合训练基地隆重举行。图为护旗方队。

四　月

9

记录新时代

《中国人民解放军建军九十周年》纪念邮票（2017年8月1日发行）

四　月

10

记录新时代

★ 2017 年 8 月 8 日，内蒙古自治区成立 70 周年庆祝大会在呼和浩特隆重举行。图为马队入场。

四月

11

记录新时代

《内蒙古自治区成立七十周年》纪念邮票（2017 年 5 月 1 日发行）

四　月

12

记录新时代

★ 2017 年 8 月 18 日，全国首家互联网法院——杭州互联网法院正式揭牌成立。

四　月

13

记录新时代

人力资源和社会保障部颁发的“全国技术能手”荣誉奖章

四　月

14

记
录
新
时
代

《“探索一号”科考船》纪念邮票（2017 年 9 月发行）

四　月

15

记录新时代

★ 2017 年 9 月 3 日—5 日，金砖国家领导人第九次会晤在福建厦门举行。图为厦门国际会议中心前的国旗。

四 月

16

记录新时代

2017 年金砖国家领导人厦门会晤和新兴市场国家与发展中国家对话会文艺晚会“扬帆未来”请柬

四　月

17

记录新时代

2017 年金砖国家领导人厦门会晤和新兴市场国家与发展中国家对话会文艺晚会“扬帆未来”节目单封面

四　　月

18

记录新时代

★ 2017 年 9 月 20 日，以“一带一路 · 中国梦”为主题的第十九届中国舟山国际沙雕节在浙江舟山朱家尖南沙景区开园。图为现场展示的中国梦主题沙雕。

四 月

19

记录新时代

★ 2017 年 9 月 25 日，中新互联互通项目南向铁海联运通道常态化运行班列在重庆首发成功。

四　月

20

记录新时代

★ 2017年9月27日，第十四届精神文明建设“五个一工程”表彰座谈会在北京召开。图为2017年第十四届精神文明建设“五个一工程”优秀作品奖获奖电视剧《平凡的世界》剧照。

四 月

21

记
录
新
时
代

★ 2017 年 9 月 30 日，由我国建造的万吨级中心架梁起重船“天一号”完成孟加拉国帕德玛大桥首跨钢梁架设工作。

四　月

22

记录新时代

《中国共产党第十九次全国代表大会》纪念邮票

★ 2017 年 10 月 18 日，中国共产党第十九次全国代表大会在北京人民大会堂隆重开幕。

四 月

23

记录新时代

★ 2017 年 10 月 24 日，中国共产党第十九次全国代表大会审议并一致通过《中国共产党章程（修正案）》，会议将习近平新时代中国特色社会主义思想确立为党的指导思想并写入党章。

四 月

24

记录新时代

★ 2017 年 10 月 26 日，穿越塔克拉玛干沙漠的第三条公路——新疆尉犁县至且末县沙漠公路开工建设，并于 2022 年 6 月 30 日正式通车。图为 2020 年 5 月 17 日拍摄的建设中的新疆尉犁至且末沙漠公路。

四　月

25

记录新时代

翡翠玉雕作品《中华龙·中国梦》

★ 作品以“九龙戏珠”象征九州归一，表达了全国各族人民团结一心，共同奋斗，实现中华民族伟大复兴的美好愿望。

四　月

26

记
录
新
时
代

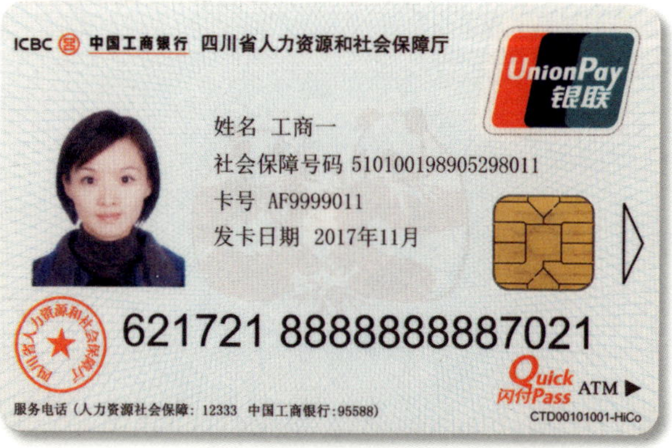

社会保障卡（模拟卡）

★ 2017 年，我国第三代社会保障卡试点发行，跨省就医住院费用持卡结算正式启动。

四　月

27

记录新时代

绘画作品《“农民院士”播科技种子》

四　月

28

记录新时代

★ 2017 年 12 月 10 日，目前全球一次性建成规模最大的自动化集装箱码头——上海洋山深水港区四期工程开港试生产。图为 2017 年 7 月 25 日拍摄的正在建设中的上海洋山深水港四期工程码头局部。

四　月

29

记录新时代

人力资源和社会保障部颁发的“中华技能大奖”荣誉奖章

四　月

30

记录新时代

五月

记录新时代

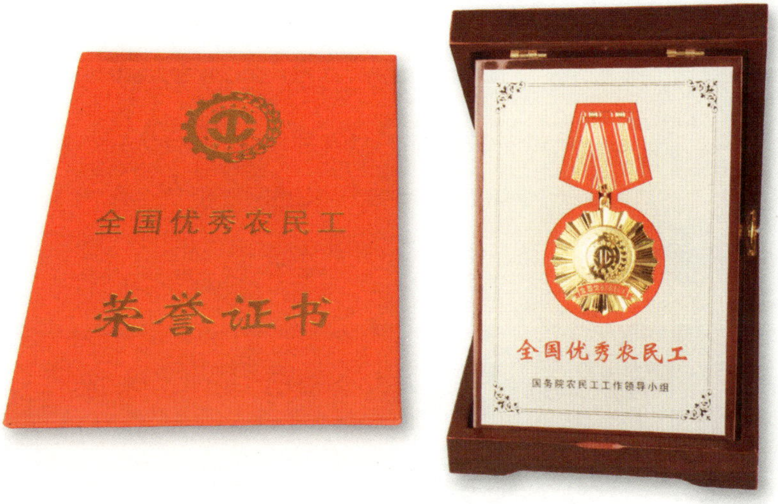

国务院农民工工作领导小组颁发的“全国优秀农民工”奖章和荣誉证书

五　　月

1

记录新时代

★ 2018 年 1 月 3 日，中央军委隆重举行 2018 年开训动员大会。图为动员大会主会场部队受领训令后展开训练。

五　月

2

记录新时代

油画作品《时代领跑者之一》（局部 3）

五　月

3

记
录
新
时
代

★ 2018 年 2 月 1 日，动车组停靠在武汉动车段的存车线上，准备进行检修和保温作业。

五　月

4

记录新时代

★ 2018 年 2 月 5 日，驻守在黑龙江省漠河县北极村的北部战区陆军某部官兵在江面巡逻。

五　月

5

记录新时代

★ 2018 年 2 月 5 日，西藏军区某边防团詹娘舍哨所官兵巡逻经过三名战友的牺牲地时向烈士致敬。

五　月

6

记录新时代

★ 2018 年 2 月 6 日，“南海第一哨”华阳礁守礁战士在站岗瞭望。

五　月

7

记录新时代

★ 2018 年 2 月 10 日拍摄的在阿根廷布宜诺斯艾利斯举行的中国春节庙会上的舞龙表演。

五　　月

8

记录新时代

★ 2018 年 2 月 26 日拍摄的一群小天鹅在湖南省东洞庭湖国家级自然保护区内聚集。

五　月

9

记录新时代

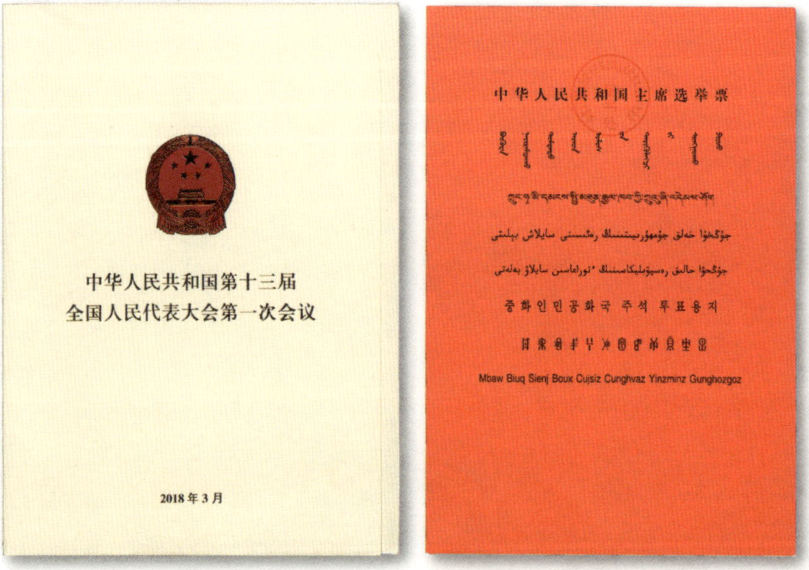

第十三届全国人民代表大会第一次会议使用的中华人民共和国主席选举票（汉蒙藏维哈朝彝壮文）

★ 2018 年 3 月 5 日，中华人民共和国第十三届全国人民代表大会第一次会议在北京隆重召开。

五　月

10

记录新时代

★ 2018 年 3 月 23 日，中华人民共和国国家监察委员会在北京揭牌。

五 月

11

记录新时代

★ 2018 年 4 月 12 日，中央军委在南海海域隆重举行海上阅兵。图为航母打击作战群等接受检阅。

五　月

12

记录新时代

中国人民解放军海军辽宁舰舰帽、舰徽

五　月

13

记录新时代

2018 年辽宁舰航空保障部门舰载机调运系留员执行“神威—2018”演训任务时穿的甲板识别服

五　月

14

记录新时代

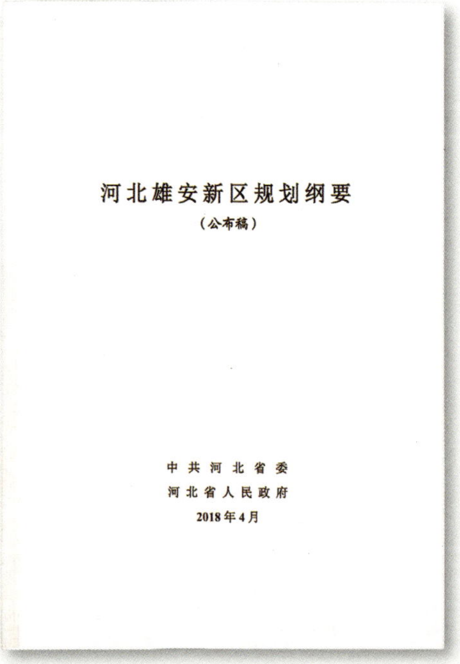

河北雄安新区规划纲要

（公布稿）

中共河北省委

河北省人民政府

2018年4月

《河北雄安新区规划纲要》

★ 2018 年 4 月 14 日，中共中央、国务院正式批复《河北雄安新区规划纲要》。

五　月

15

记
录
新
时
代

★ 2018 年 4 月 16 日，中华人民共和国退役军人事务部挂牌成立。

五　月　16

记录新时代

★ 2018 年 4 月 21 日拍摄的浙江省嘉善县西塘古镇夜色。

五　月

17

记录新时代

★ 2018 年 4 月 30 日拍摄的湖北香溪化工有限公司宜都分公司拆除沿江化工企业现场。

五　月

18

记录新时代

★ 2018 年 5 月 3 日，中国科学院在上海发布了我国首款云端人工智能芯片——寒武纪 MLU100。

五　月

19

记录新时代

★ 2018 年 5 月 17 日，在天津市举行的第二届世界智能大会上，国家超算天津中心对外展示了中国新一代百亿亿次超级计算机“天河三号”原型机。

五 月

20

记录新时代

★ 2018 年 6 月 9 日，山东省青岛市举行“有朋自远方来”灯光焰火艺术表演，庆祝上海合作组织青岛峰会召开。

五　月

21

记录新时代

★ 2018 年 6 月 12 日，我国自主研发的疏浚重器“天鲲号”首次试航成功。

五　月

22

记录新时代

★ 2018 年 6 月 12 日，在武汉高铁训练段进行的参访交流活动中，一名来自肯尼亚的铁路管理人员在高铁模拟驾驶仓内体验实际操作。

五　月

23

记录新时代

★ 2018 年 6 月 20 日，在执行某大项任务前，红一连官兵面向连旗宣誓。

五　月

24

记录新时代

"时代楷模"李保国使用的教学剪枝剪和锯子

五　月

25

记录新时代

★ 2018 年 7 月 12 日，由中国土木工程集团尼日利亚有限公司承建的西非地区开通的首条城铁——阿布贾城铁正式开通。

五　月

26

记录新时代

绘画作品《托起大山的希望》

五　月

27

记录新时代

★ 2018 年 8 月 22 日，“红色文艺轻骑兵”内蒙古苏尼特右旗乌兰牧骑队员在牧区演出。

五　月

28

记录新时代

★ 2018 年 8 月 30 日，由我国援建的马尔代夫中马友谊大桥正式开通。

五　月

29

记录新时代

★ 2018 年 9 月 3 日，中非合作论坛北京峰会在北京人民大会堂隆重开幕。图为志愿者在新闻中心为古巴拉丁美洲通讯社的记者提供翻译服务。

五　月

30

记
录
新
时
代

★ 2018 年 9 月 4 日，来自中国的农业技术指导在肯尼亚西部的纳库鲁郡指导当地农民种植除虫菊。

五　月

31

记录新时代

六月

记录新时代

《宁夏回族自治区成立六十周年》纪念邮票（2018年9月19日发行）

六　月

1

记录新时代

★ 2018 年 9 月 19 日，河北省阜城县纪委监委组织领导干部家属开展“树清廉家风，创廉洁家庭”主题教育活动。图为干部家属在活动中观看廉政教育漫画展。

六　月

2

记
录
新
时
代

★ 2018 年 9 月 27 日拍摄的北大荒集团在位于安徽省凤阳县小溪河镇的“中国农村改革第一村”——小岗村建立的现代化水稻生产基地。

六　月

3

记录新时代

★ 2018 年 9 月 30 日，向人民英雄敬献花篮仪式在北京天安门广场隆重举行。当日是《中华人民共和国英雄烈士保护法》实施后首个烈士纪念日。

六 月

4

记录新时代

《广西壮族自治区成立六十周年》纪念邮票（2018年10月18日发行）

六　月

5

记录新时代

★ 2018 年 10 月 20 日，我国自主研制的大型灭火 / 水上救援水陆两栖飞机“鲲龙”AG600 在湖北荆门漳河机场水上首飞圆满成功。

六　月

6

记录新时代

★ 2018 年 11 月 3 日，我国首座预应力钢管混凝土桁梁桥——汶川克枯大桥成功合龙。图为 2019 年 1 月 1 日拍摄的汶马高速公路克枯大桥。

六　月

7

记录新时代

《中国国际进口博览会》纪念邮票（2018 年 11 月 5 日发行）

★ 2018 年 11 月 5 日—10 日，首届中国国际进口博览会在上海举行。

六　月

8

记录新时代

★ 2018 年 11 月 6 日，第十二届中国航展首次引入智能机器人和 AR 技术。图为参展观众和招飞宣传智能机器人“飞飞”互动交流。

六　月

9

记录新时代

★ 2018 年 11 月 13 日，“伟大的变革——庆祝改革开放 40 周年大型展览”在中国国家博物馆开幕。

六 月

10

记录新时代

★ 2018 年 11 月 21 日，在江苏省宿迁市泗洪县上塘镇垫湖村，镇纪委的工作人员在主持政治生态监测现场测评会。

六　月

11

记录新时代

★ 2018 年 11 月 28 日，“藏医药浴法——中国藏族有关生命健康和疾病防治的知识与实践”项目正式列入联合国教科文组织人类非物质文化遗产代表作名录。图为在毛里求斯首都路易港的会议现场演示“藏医药浴法”的视频。

六 月

12

记录新时代

★ 2018 年 12 月 14 日，庆祝改革开放 40 周年文艺晚会《我们的四十年》在北京人民大会堂举行。图为节目《奋斗者》剧照。

六　月

13

记
录
新
时
代

2018 年“伟大的变革——庆祝改革开放 40 周年大型展览”中的《记忆》模型

六　月

14

记录新时代

★ 2018 年 12 月，由我国企业自主设计、投资和建设的目前全球最高、聚光面积最大的熔盐塔式光热电站——首航高科敦煌 100 兆瓦熔盐塔式光热电站并网发电。

六　月

15

记录新时代

★ 2019 年 1 月 3 日，“嫦娥四号”探测器通过“鹊桥”中继星传回了世界第一张近距离拍摄的月背影像图。

六　月

16

记录新时代

油画作品《时代领跑者之三》（局部 1）

六 月

17

记录新时代

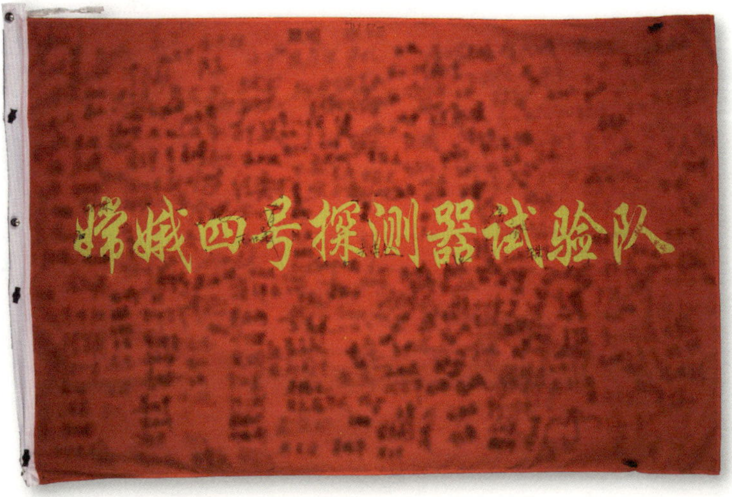

嫦娥四号探测器试验队队旗

六　月

18

记
录
新
时
代

★ 2019 年 2 月 12 日，在云南省昆明斗南国际花卉拍卖交易中心，花商挑选鲜花并记录编号。

六　月

19

记录新时代

★ 2019 年 4 月 19 日，在新疆生产建设兵团第六师共青团农场的一片棉花地中，多功能一体化无人驾驶精量播种机在田间播种。

六 月

20

记录新时代

★ 2019 年 4 月 23 日，庆祝人民海军成立 70 周年海上阅兵活动在山东青岛隆重举行。图为“南昌”号导弹驱逐舰。

六　月

21

记录新时代

★ 2019 年 4 月 28 日，2019 年中国北京世界园艺博览会开幕式在北京延庆举行。图为以“美丽家园”为主题的文艺晚会现场。

六　月

22

记录新时代

★ 2019 年 5 月 4 日，为纪念五四运动 100 周年，上海市各界青少年代表、团员代表来到中国社会主义青年团中央机关旧址前的渔阳里广场，参加主题为“青春心向党，建功新时代”的“主题团日”活动。图为新团员在渔阳里广场“主题团日”活动现场进行入团宣誓。

六　月

23

记录新时代

★ 2019年5月9日，在位于辽宁省盘锦市的鹤类种源繁育基地拍摄的丹顶鹤。

六 月

24

记录新时代

★ 2019 年 5 月 15 日，亚洲文化嘉年华活动在北京“鸟巢”举行。

六　月

25

记录新时代

★ 2019 年 5 月 22 日拍摄的上海市崇明区东平国家森林公园。

六　月

26

记录新时代

★ 2019 年 5 月 23 日，我国时速 600 千米的高速磁浮试验样车在青岛下线。

六 月

27

记录新时代

★ 2019 年 6 月 11 日拍摄的福建省屏南县熙岭乡龙潭村清澈的西溪与修复后的古民居。

六　月

28

记
录
新
时
代

★ 2019 年 7 月 26 日拍摄的陕西省西安市长安区秦岭违建别墅群拆除后建设的秦岭和谐森林公园。

六　月

29

记录新时代

★ 2019 年 8 月，新疆维吾尔自治区首个“电塔+5G”基站在乌鲁木齐建成。图为工作人员在进行 5G 基站调试工作。

六　月

30

记录新时代

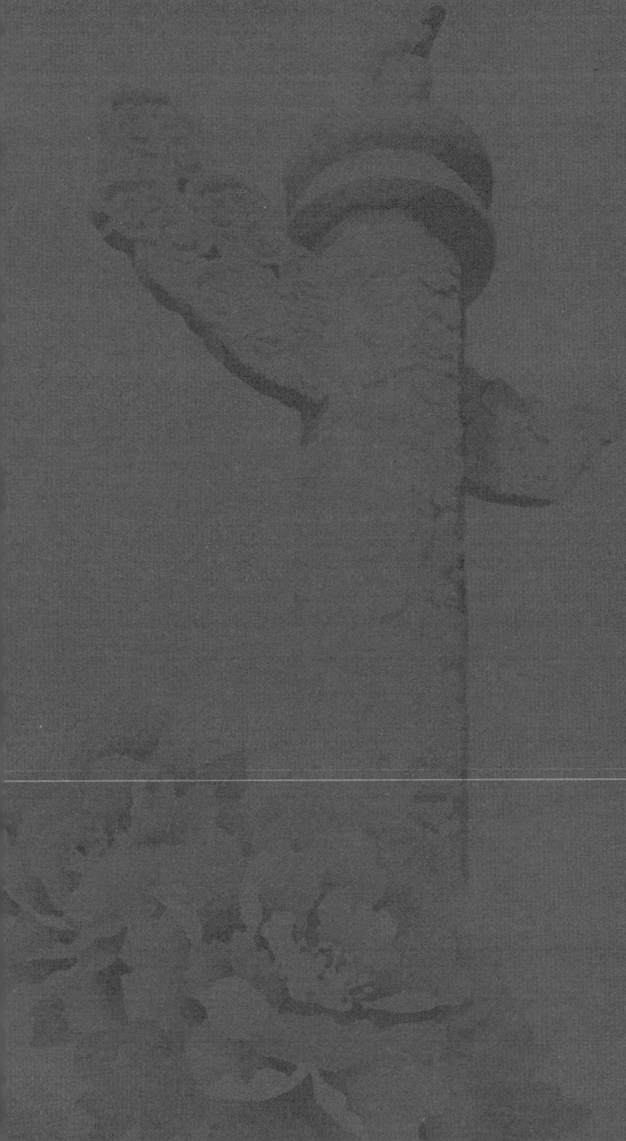

七月

记录新时代

★ 2019 年 8 月 20 日—25 日，2019 世界机器人大会在北京亦创国际会展中心召开。图为大会上格力展区所展示的格力咖啡机器人。

七　月

1

记录新时代

新疆维吾尔自治区乌恰县吉根乡护边员“人民楷模”
布茹玛汗·毛勒朵老人在巡边之路上刻写的“中国石”

七　月

2

记录新时代

★ 2019 年 9 月 21 日，西藏自治区洛扎县洛扎镇居民给新房献哈达。

七 月

3

记录新时代

北京大兴国际机场航站楼主体网架支撑结构模型

★ 2019 年 9 月 25 日，北京大兴国际机场正式投入运营。

七月

4

记录新时代

北京大兴国际机场航站楼建设项目建设者的施工日记

七　月

5

记录新时代

★ 2019 年 10 月 1 日，庆祝中华人民共和国成立 70 周年大会在北京天安门广场隆重举行。

七　月

6

记录新时代

《中华人民共和国成立七十周年》纪念邮票（2019 年 10 月 1 日发行）

七　月

7

记录新时代

★ 2019 年 11 月 18 日，由中国国家电力投资集团所属上海电力（马耳他）控股有限公司与马耳他政府合资投建的黑山莫祖拉风电站正式投入运营。图为 2018 年 5 月 1 日拍摄的黑山莫祖拉风电站。

七　月

8

记录新时代

★ 2019 年 12 月 13 日，山东省乳山市党员干部在乳山市廉政警示教育基地接受廉政警示教育。

七　月

9

记录新时代

★ 2019 年 12 月 20 日，庆祝澳门回归祖国 20 周年大会暨澳门特别行政区第五届政府就职典礼在澳门隆重举行。图为澳门金莲花广场上的《盛世莲花》雕塑。

七　月

10

记录新时代

★ 2019 年拍摄的重庆市奉节白帝城及周边景象。

七　月

11

记录新时代

★ 2019 年 12 月 26 日，中国铁建股份有限公司承建的首个莫斯科地铁项目隧道实现全部贯通。上图为 2019 年 12 月 26 日，在俄罗斯首都莫斯科，工作人员观察盾构机掘进情况；下图为 2021 年 12 月 2 日，在俄罗斯首都莫斯科，试运行车辆驶入莫斯科地铁第三换乘环线西南段米丘林大街站。

七　月

12

记录新时代

★ 2019 年 12 月 30 日，世界上第一条最高设计时速 350 千米的高寒、大风沙高速铁路——京张高铁开通运营。图为 2020 年 10 月 6 日，一列复兴号高铁列车穿过京张高铁居庸关隧道。

七　月

13

记录新时代

★ 2020 年 1 月 11 日，全球最大且最灵敏的射电望远镜——500 米口径球面射电望远镜（“中国天眼”FAST）通过国家验收正式开放运行。图为 2020 年 1 月 8 日检修期间拍摄的夜色中的“中国天眼”全景。

七　月

14

记录新时代

★ 2020 年 1 月 12 日，舰船在“海洋卫士－2020”中巴海上联合演习中进行航行补给占位训练。

七　月

15

记录新时代

油画作品《时代领跑者之三》（局部 2）

七　月

16

记
录
新
时
代

★ 2020 年 1 月 12 日，中国人民解放军海军 055 型驱逐舰首舰“南昌舰”归建入列仪式在青岛某军港码头举行。

七　月

17

记录新时代

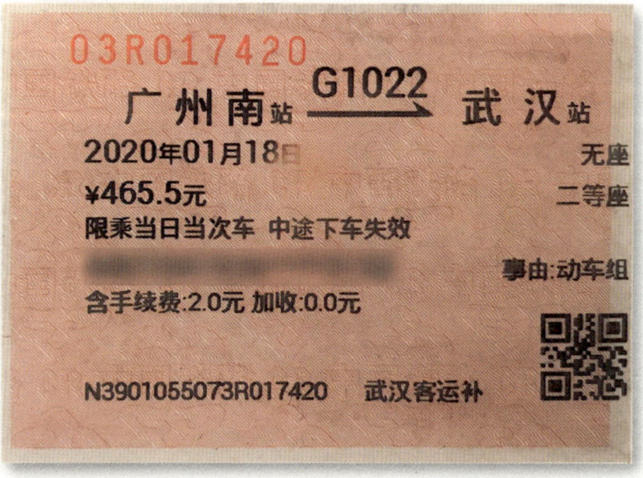

2020 年 1 月 18 日，钟南山院士在新冠肺炎疫情发生之初赶往武汉的无座高铁车票

七　月

18

记录新时代

★ 2020 年 2 月 4 日拍摄的中建三局的建设工人在武汉雷神山医院建设工地施工。

七月

19

记录新时代

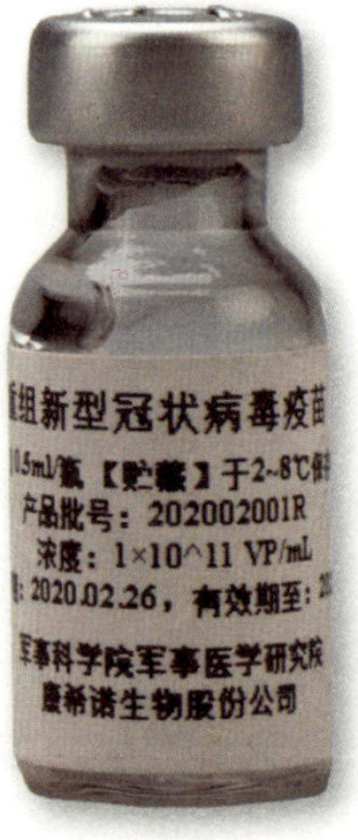

2020 年 2 月，陈薇院士注射重组新型冠状病毒疫苗的疫苗瓶

七　月

20

记录新时代

伊朗德黑兰医科大学赠中国赴伊朗新冠肺炎疫情防控志愿专家团队的“国际新冠病毒斗士”纪念徽章

七 月

21

记录新时代

★ 2020年2月29日，由在日华侨华人发起的志愿者团体“口罩熊猫行动小组”在日本东京池袋站前向当地民众免费发放口罩。图为一名华侨华人小志愿者（左）向当地小朋友发放儿童用口罩。

七 月

22

记录新时代

★ 2020年3月10日，工作人员在北京海淀（中关村科学城）城市大脑展示体验中心展示海淀区智慧社区平台。

七　月

23

记录新时代

★ 2020 年 4 月 8 日，河北省饶阳县一家现代农业示范园区工人在智慧温室里操作水肥一体化设施。

七　月

24

记录新时代

★ 2020 年 5 月 5 日，我国载人空间站工程研制的“长征五号”B 运载火箭在海南文昌首飞成功。

七　月

25

记录新时代

★ 2020 年 5 月 14 日，完成《鄂鲁支持贫困劳动力外出务工暨劳务协作帮扶协议》签约后的湖北务工人员乘坐大巴车准备前往山东就业。

七　月

26

记录新时代

★ 2020 年 5 月 26 日，在河南省邓州市小杨营镇安众村，加装有北斗导航系统的拖拉机在无人驾驶状态下播种。

七　月

27

记录新时代

★ 2020年5月28日，十三届全国人大三次会议表决通过《中华人民共和国民法典》，自2021年1月1日实施。

七月 28

记录新时代

中华人民共和国国务院新闻办公室编写的《抗击新冠肺炎疫情的中国行动》白皮书

★ 2020年6月7日，中华人民共和国国务院新闻办公室发布《抗击新冠肺炎疫情的中国行动》白皮书。

七　月

29

记
录
新
时
代

★ 2020 年 6 月 12 日拍摄的黑龙江省富锦市东北水田现代农机专业合作社稻田里的专业设备。

七　月

30

记录新时代

★ 2020年6月19日，在吉林省长春市的红旗工厂总装车间，工人在装配车辆。

七　月

31

记录新时代

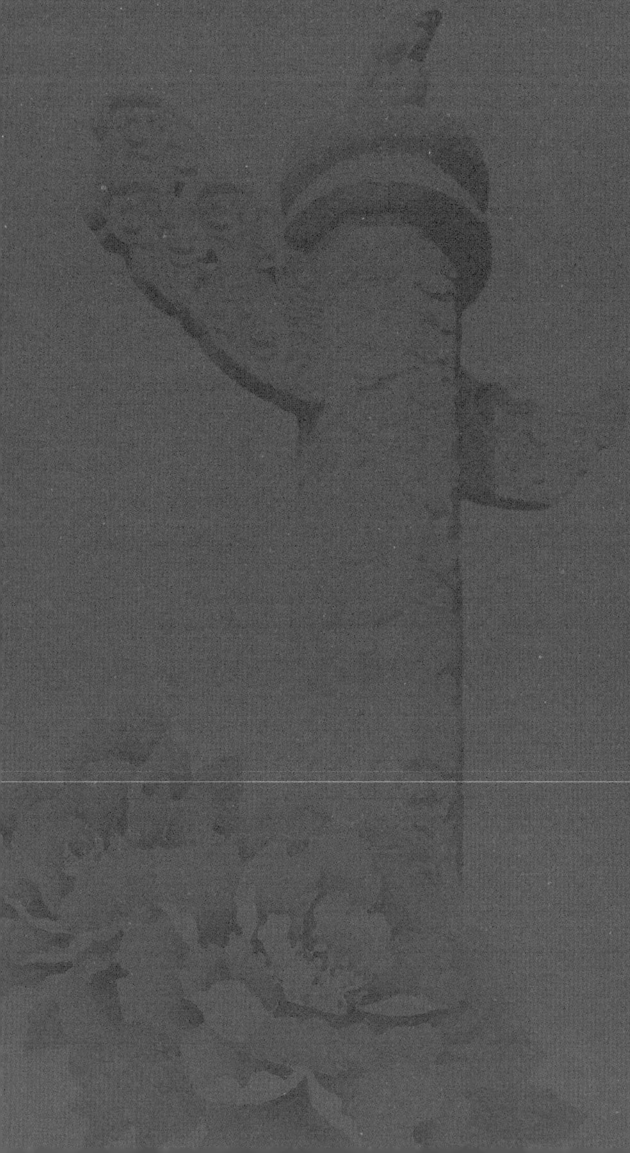

八月

记录新时代

★ 2020 年 6 月 23 日，我国“北斗三号”全球卫星导航系统最后一颗组网卫星在西昌卫星发射中心点火升空。

八　月

1

记录新时代

★ 2020年6月30日，十三届全国人大常委会第二十次会议表决通过《中华人民共和国香港特别行政区维护国家安全法》。图为香港市民在铜锣湾街头支持实施《中华人民共和国香港特别行政区维护国家安全法》的场景。

八　月

2

记录新时代

★ 2020 年 7 月 10 日拍摄的广西壮族自治区金秀瑶族自治县六巷乡的一处民宿。发展乡村旅游已经成为助力脱贫的一项重要举措。

八 月

3

记录新时代

★ 2020 年 7 月 30 日拍摄的福建省长汀县铁长乡的生态茶园。

八　月

4

记录新时代

★ 2020 年 8 月 12 日，贵州省思南县塘头镇青杠坝村的村民在采摘用作生产糟辣椒的鲜辣椒。

八　月

5

记录新时代

★ 2020 年 8 月 18 日，河南省郑州市郑东新区自动驾驶公交 1 号线车辆行驶在试运行的道路上。

八　月

6

记录新时代

★ 2020 年 8 月 18 日，粤港澳大湾区一条“超级通道”——横琴口岸新旅检区域正式开通。

八　月

7

记录新时代

★ 2020 年 9 月 19 日，在即将迎来中国人民志愿军抗美援朝出国作战 70 周年之际，志愿军老战士和少先队员在抗美援朝纪念馆英烈厅向牺牲的烈士致敬。

八　月

8

记录新时代

★ 2020 年 9 月 30 日，党中央制定出台《中国共产党中央委员会工作条例》，这在党的历史上是第一次。

八月

9

记录新时代

★ 2020年10月12日拍摄的深圳深南大道的“拓荒牛”雕像。

八月

10

记录新时代

★ 2020 年 10 月 15 日，主题为“开放合作、共赢共享”的 2020 中国海洋经济博览会在深圳开幕。图为开幕当日拍摄的 2020 中国海洋经济博览会现场。

八　月

11

记录新时代

★ 2020 年 10 月 15 日，由上海隧道工程有限公司自主研发制造的超大直径盾构机“骐跃”在上海浦东成功调试下线。图为工人在生产车间对“骐跃”盾构机进行安装调试。

八　月

12

记录新时代

★ 2020 年 10 月 23 日，纪念中国人民志愿军抗美援朝出国作战 70 周年大会召开前，以中共中央总书记、国家主席、中央军委主席习近平名义敬献花篮仪式在辽宁沈阳抗美援朝烈士陵园、丹东抗美援朝纪念塔和朝鲜平壤中朝友谊塔、桧仓中国人民志愿军烈士陵园等四地隆重举行。图为当日在辽宁沈阳抗美援朝烈士陵园举行的敬献花篮仪式。

八　月

13

记录新时代

★ 2020年10月26日，在上海市崇明区西门小学举行的“两岸一家亲，共筑中国梦”主题教育综合实践活动中，一年级的学生在介绍台湾省的特色水果。

八　月

14

记录新时代

★ 2020 年 10 月 31 日拍摄的云南省贡山独龙族怒族自治县独龙江乡新貌。

八　月

15

记录新时代

★ 2020 年 11 月 2 日，工作人员在第三代杂交水稻“叁优一号”衡南试验示范基地一块被抽取测产的示范田里测量示范田面积。

八　月

16

记录新时代

★ 2020 年 11 月 6 日，第八届澳门国际旅游（产业）博览会在澳门开幕。图为与会者在博览会上参观。

八　月

17

记录新时代

★ 2020 年 11 月 10 日，我国第一艘自主建造极地科学考察破冰船——“雪龙 2 号”从上海起航，奔赴南极执行科学考察任务。

八　月

18

记录新时代

★ 2020 年 11 月 11 日，京东方的工作人员在第二十二届中国国际高新技术成果交易会上展示可收纳拉伸的曲面屏手机。

八　月

19

记录新时代

★ 2020 年 11 月 11 日拍摄的位于上海浦东新区杨高北路上的中国（上海）自由贸易试验区标志门。

八　月

20

记录新时代

★ 2020 年 11 月 20 日，黑龙江省 22 家法院对 38 件黑恶势力和“保护伞”案件集中宣判。

八　月

21

记录新时代

★ 2020 年，为支持中国抗击新冠肺炎疫情，蒙古国决定向中国捐赠 3 万只羊。图为 2020 年 11 月 20 日拍摄的蒙古国捐赠羊接车分发仪式现场。

八　月

22

记录新时代

★ 2020 年 11 月 26 日，2020 世界 5G 大会在广州开幕。图为参观者体验 5G 网络支持下的无人驾驶。

八　月

23

记录新时代

★ 2020 年 11 月 27 日，我国自主创新、拥有完整自主知识产权的三代核电技术“华龙一号”全球首堆福清核电 5 号机组首次并网成功。图为 2020 年 11 月 26 日拍摄的“华龙一号”全球首堆福清核电 5 号机组外景图。

八　月

24

记录新时代

★ 2020 年 11 月 28 日，创造了 10909 米中国载人深潜新纪录的“奋斗者”号中国万米载人潜水器完成第二阶段海试，胜利返航。

八　月

25

记录新时代

★ 2020 年 11 月 28 日—12 月 2 日，联勤保障部队在华中某地组织“精武联勤－2020”比武竞赛。图为油料保障队组织参赛队员进行无人机灭火作业。

八　月

26

记录新时代

★ 2020 年 12 月 4 日，我国新一代可控核聚变研究装置“中国环流器二号 M”（HL-2M）在四川成都正式建成放电。图为中国环流器二号 M 装置建成暨首次放电见证活动现场。

八　月

27

记录新时代

★ 2020 年 12 月 4 日，中国科学技术大学宣布该校科研团队成功构建 76 个光子的量子计算原型机“九章”。图为光量子干涉实物图。

八　月

28

记录新时代

★ 2020年12月8日，我国与尼泊尔共同向世界宣布，珠穆朗玛峰的最新雪面高程为8848.86米。图为2020年5月27日，珠峰高程测量登山队队员在珠穆朗玛峰峰顶开展测量工作。

八　月

29

记录新时代

★ 2020 年 12 月 10 日，河北省巨鹿县纪委监委工作人员在巨鹿县西郭城镇柳洼村向村民了解扶贫政策落实情况。

八　月

30

记录新时代

月球样品 001 号

★ 2020 年 12 月 17 日，“嫦娥五号”返回器安全着陆，带回近 2 千克的月球样品，我国首次地外天体采样返回任务圆满完成。

八　月

31

记录新时代

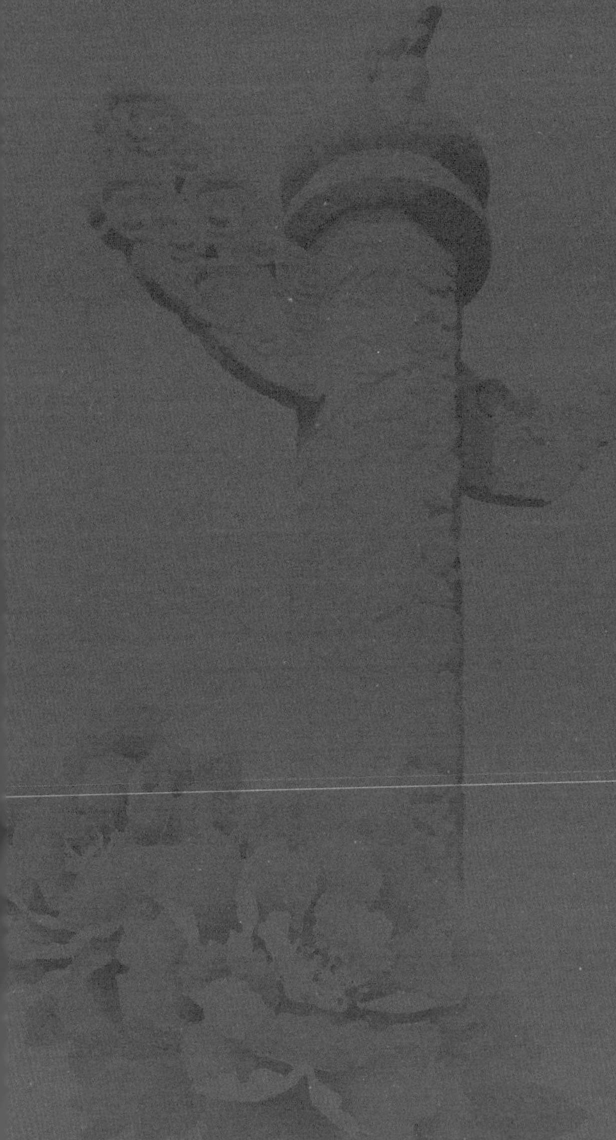

九月

记录新时代

★ 2020年12月17日，我国与马来西亚联合申报的“送王船——有关人与海洋可持续联系的仪式及相关实践”项目正式列入联合国教科文组织人类非物质文化遗产代表作名录。图为人们在马来西亚马六甲举行的焚化“国安号”王船禳灾祈安活动。

九　月

1

记录新时代

★ 2020 年 12 月 17 日，我国单独申报的“太极拳”项目正式列入联合国教科文组织人类非物质文化遗产代表作名录。图为河南省温县陈家沟一家太极拳学校的学员在太极拳博物馆前表演。

九　月

2

记录新时代

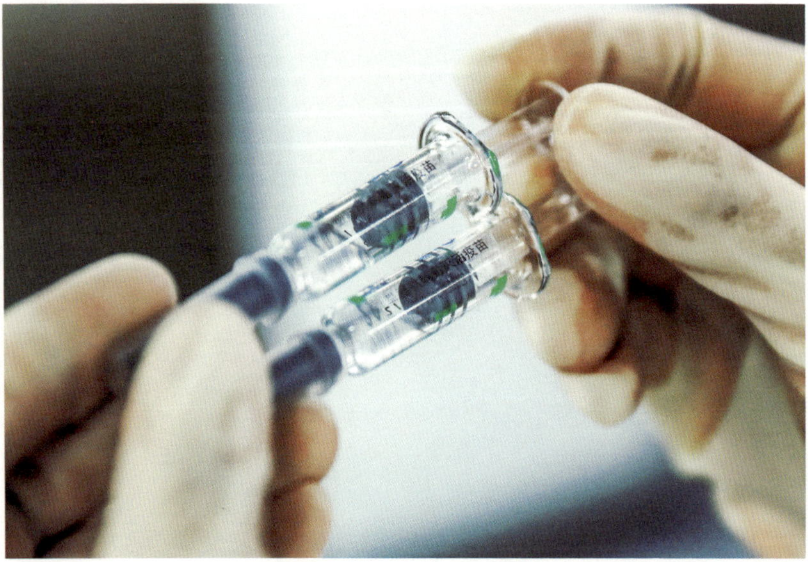

★ 2020 年 12 月 25 日，工作人员在国药集团中国生物北京生物制品研究所的新冠病毒灭活疫苗分包装车间内检查产品包装质量。

九　月

3

记录新时代

★ 2020年12月27日，亚洲第一大高铁站——雄安站随京雄城际铁路的通车投入使用。图为2020年12月23日拍摄的京雄城际铁路雄安站。

九　月

4

记录新时代

★ 自 2021 年 1 月 1 日起，长江流域重点水域实行“十年禁渔”。图为 2020 年 12 月 31 日，渔政执法船队从长江武汉段江面驶过。

九　月

5

记录新时代

★ 2021 年 1 月 6 日，在为应对新冠肺炎疫情而封闭的大连海洋大学校园内，志愿者推着满载的三轮车上坡，将物资送往学生宿舍。

九 月

6

记录新时代

★ 2021年1月18日，由贵州桥梁集团承建的都(匀)安(顺)高速公路云雾大桥成功合龙。图为当日拍摄的贵州都安高速公路云雾大桥。

九　月

7

记录新时代

★ 2021 年 1 月 22 日，国家速滑馆“冰丝带”首次制冰顺利实施，成功制出速度滑冰赛道。图为国家速滑馆内景。

九　月

8

记录新时代

★ 2021年2月23日，上海市嘉定区外冈游击队纪念馆的“小小讲解员”带领参加活动的学生代表参观。

九　月

9

记录新时代

★ 2021 年 2 月 25 日，全国脱贫攻坚总结表彰大会在北京人民大会堂隆重举行。图为在获得“全国脱贫攻坚楷模”荣誉称号的湖南省花垣县双龙镇十八洞村，当地干部、群众在一户村民家中收看全国脱贫攻坚总结表彰大会直播。

九　月

10

记录新时代

★ 2021 年 2 月 26 日，“嫦娥五号”搭载的太空稻种在华南农业大学国家植物航天育种工程技术研究中心温室萌芽。

九　月

11

记录新时代

★ 2021 年 3 月 1 日，在大熊猫国家公园北川小寨子沟片区用红外相机拍摄的野生大熊猫。

九　月

12

记录新时代

★ 2021 年 3 月 5 日，在北京市海淀区北太平庄街道金晖远洋社区，志愿者指导社区居民进行垃圾分类。

九　月

13

记录新时代

★ 2021 年 3 月 17 日，来自巴基斯坦的留学生在陕西杨凌锦田农业专业合作社向当地职业农民了解水肥一体化灌溉设备。

九　月

14

记录新时代

★ 2021 年 3 月 22 日拍摄的广西柳州市楼梯山山体复绿工程施工现场。

九　月

15

记录新时代

★ 2021 年 3 月 28 日，参观者在古田会议会址景区毛主席纪念园参观。

九 月

16

记录新时代

★ 2021年，中国人民解放军南部战区海军舰艇编队在某海域组织战时补给综合演练。

九　月

17

记录新时代

★ 2021 年 4 月 15 日，在安徽省合肥市蜀山区南七街道丁香社区开展党史学习教育进社区活动中，老党员、老战士为大家讲述党史故事和革命先烈事迹。

九　月

18

记
录
新
时
代

★ 2021 年 4 月 28 日，由重庆智能工程职业学院依托华为（永川）联合技术创新中心与重庆市永川区人民医院共同研发的智能科技产品“智慧健康小屋”在重庆永川投用。图为投用当日，长城汽车重庆永川生产基地工作人员在“智慧健康小屋”内体验智慧医疗服务。

九月

19

记录新时代

中共中央宣传部颁发的“时代楷模”奖章

九　月

20

记录新时代

★ 2021 年 5 月 6 日—10 日，首届中国国际消费品博览会在海南省海口市举行，这是全国首个以消费精品为主题的国家级展会。图为中国国际消费品博览会吉祥物“元宵”。

九　月

21

记
录
新
时
代

★ 2021 年 5 月 13 日拍摄的陕西省洋县朱鹮生态园内的朱鹮。

九月

22

记录新时代

★ 2021 年 5 月 17 日，国家重大科技基础设施——高海拔宇宙线观测站（LHAASO）记录到了 1400 万亿电子伏特（1.4PeV）的伽马光子。图为建设中的高海拔宇宙线观测站。

九　月

23

记录新时代

★ 2021 年 5 月 22 日，中共中央发布《中国共产党组织工作条例》，这是党的历史上第一部关于组织工作的统领性、综合性基础主干法规。

九　月

24

记录新时代

★ 2021 年 5 月 26 日在海南省洋浦经济开发区拍摄的洋浦国际集装箱码头。

九 月

25

记
录
新
时
代

★ 2021 年 5 月 28 日拍摄的华电福清海坛海峡海上风电项目首台海上风电主控系统国产化机组。

九　月

26

记录新时代

★ 2021 年 6 月 4 日，首趟从中国江苏南京至荷兰蒂尔堡的中欧班列抵达荷兰蒂尔堡。

九　月

27

记录新时代

油画作品《时代领跑者之三》（局部 3）

九　月

28

记录新时代

★ 2021 年 6 月 4 日拍摄的浙江省东阳市花园村夜景。

九　月

29

记录新时代

★ 2021 年 6 月 11 日，国家航天局在北京举行“天问一号”探测器着陆火星首批科学影像图揭幕仪式。图为“着巡合影”。

九　月

30

记录新时代

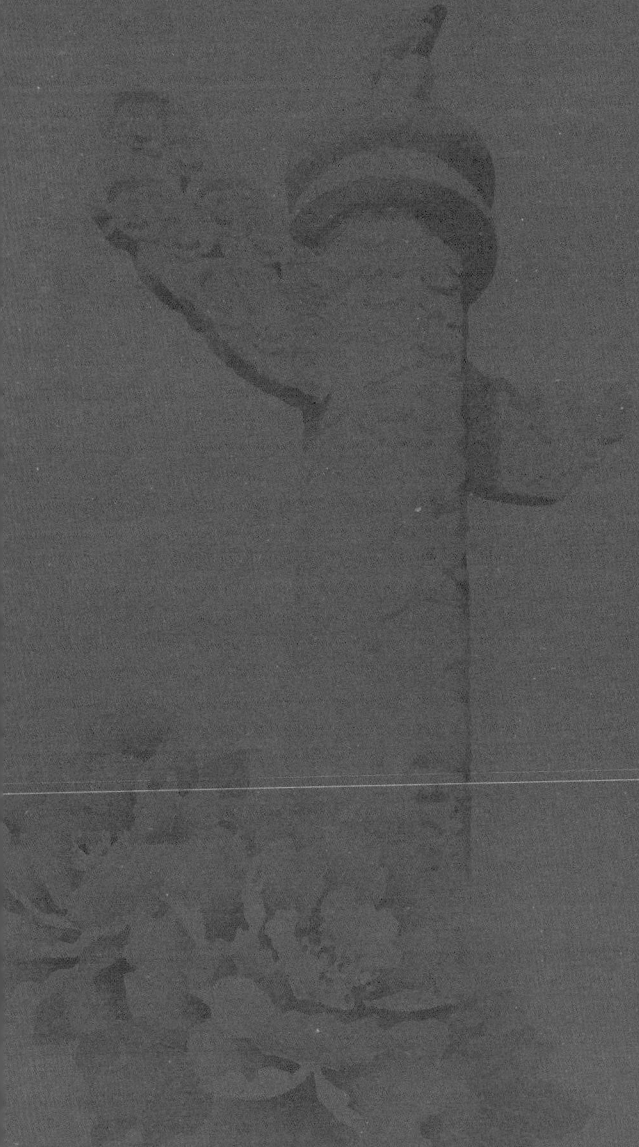

十月

记
录
新
时
代

★ 2021 年 6 月 16 日，我国第四大水电站——金沙江乌东德水电站最后一台机组顺利完成 72 小时试运行，成功并入南方电网，正式投产发电。图为 2020 年 6 月 9 日拍摄的乌东德电站送电广东广西特高压多端柔性直流示范工程云南送端昆北换流站。

十 月

1

记录新时代

★ 2021 年 6 月 16 日，交通银行北京市分行的工作人员引导游客开通“数字人民币”钱包。

十　月

2

记录新时代

★ 2021 年 6 月 19 日，参观者在中共一大纪念馆瞻仰红色文物，了解党的创建历史。

十　月　3

记录新时代

★ 2021 年 6 月 20 日，我国首列具备完全自主知识产权的商用磁浮 3.0 列车成功完成测试。

十　月

4

记录新时代

★ 2021 年拍摄的位于津南区八里台 5G 智慧园区内的天津海尔洗衣机互联工厂生产线。

十月

5

记录新时代

★ 2021 年 6 月 23 日，在江苏省灌云县昌和社区“廉政文化进社区”活动现场，社区居民在参观廉政漫画展。

十　月

6

记录新时代

★ 2021 年 6 月 25 日，西藏自治区首条电气化铁路——拉林铁路建成通车。图为 2021 年 6 月 16 日，一辆试运行的复兴号列车行驶在西藏山南市境内。

十 月

7

记录新时代

★ 2021 年 6 月 27 日，我国“十三五”期间规划建设的最大民用运输枢纽机场——成都天府国际机场正式通航。图为 2021 年拍摄的成都天府国际机场。

十月

8

记录新时代

★ 2021年6月28日，庆祝中国共产党成立100周年文艺演出《伟大征程》在北京国家体育场隆重举行。

十 月

9

记录新时代

★ 2021年6月29日，庆祝中国共产党成立100周年“七一勋章”颁授仪式在北京人民大会堂金色大厅举行。图为两名旗手高擎党旗，一名礼兵手捧“七一勋章”，行进到仪式现场。

十　月

10

记录新时代

★ 2021 年 7 月 1 日，庆祝中国共产党成立 100 周年大会在北京天安门广场隆重举行。

十 月

11

记录新时代

2021 年庆祝中国共产党成立 100 周年纪念金银币

十　月

12

记录新时代

★ 2021 年 7 月 8 日，工作人员在内蒙古自治区鄂尔多斯市伊金霍洛旗天骄绿能 50 万千瓦采煤沉陷区生态治理光伏发电示范项目区巡查。

十 月

13

记录新时代

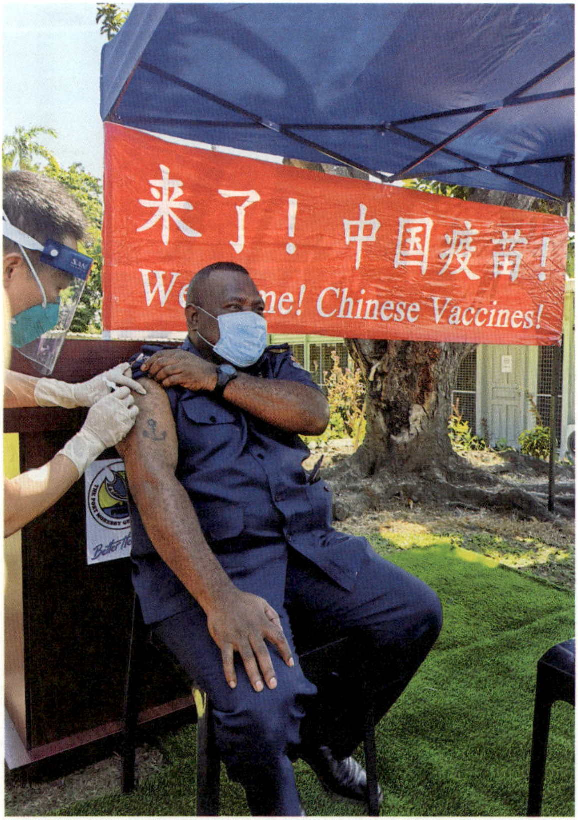

★ 2021 年 7 月 13 日，巴布亚新几内亚政府在首都莫尔兹比港总医院正式开始为当地民众接种中国新冠疫苗。

十月

14

记录新时代

★ 2021 年 7 月 14 日拍摄的内蒙古阿尔山国家森林公园内的天池。

十　月

15

记录新时代

★ 2021 年 7 月 15 日拍摄的生态治理后的河北省雄安新区白洋淀淀区景色。

十　月

16

记录新时代

★ 红色圣地旧貌换新颜。上图为抗战时期延安南泥湾的生产场景；下图为 2021 年 7 月 21 日拍摄的南泥湾稻田。

十 月

17

记录新时代

★ 2021 年 7 月 23 日—8 月 8 日，在第 32 届夏季奥林匹克运动会上，中国代表团以金牌总数 38 枚、奖牌总数 88 枚的好成绩名列金牌榜和奖牌榜第二名。图为开幕式上，中国代表团旗手入场。

十 月

18

记录新时代

★ 2021 年 8 月 12 日拍摄的位于陕西省靖边县的延长石油全球首套煤油气资源综合利用项目自动化生产线。

十　月

19

记录新时代

★ 2021 年 8 月 18 日，海南自贸港首架“零关税”进口飞机在金林海口甲子通用机场正式亮相。

十　月

20

记录新时代

★ 2021 年 8 月 19 日，庆祝西藏和平解放 70 周年大会在布达拉宫广场隆重举行。

十　月

21

记录新时代

★ 2021 年 8 月 21 日，读者在河北省石家庄市藁城区人民广场“24 小时智慧图书馆”内阅读。

十　月

22

记录新时代

★ 2021 年 9 月 2 日，第八批在韩中国人民志愿军烈士遗骸由中国人民解放军空军专机护送，回到祖国怀抱。

十 月

23

记录新时代

★ 2021 年 9 月 3 日拍摄的国家生态文明试验区——贵州省赫章县韭菜坪的风电场。

十　月

24

记录新时代

★ 2021年9月8日拍摄的深圳前海深港现代服务业合作区。

十　月

25

记
录
新
时
代

★ 2021 年 9 月 17 日，“神舟十二号”载人飞船返回舱在东风着陆场成功着陆，航天员聂海胜、刘伯明、汤洪波安全顺利出舱。

十　月

26

记录新时代

★ 2021 年 9 月 22 日，在辽宁省铁岭县腰堡镇，高铁列车从金色的稻田旁经过。

十　月

27

记录新时代

★ 2021 年 9 月，我国海拔最高的百万千瓦级水电站——雅砻江两河口水电站首批机组正式投产发电。2022 年 3 月 18 日，两河口水电站 6 台机组全部投产发电。图为 2021 年 7 月 15 日拍摄的雅砻江两河口水电站一角。

十　月

28

记录新时代

★ 2021 年 10 月 15 日— 11 月 3 日，主题口号为“广交世界 互利天下”的第 130 届中国进出口商品交易会在线上线下融合举办。

十 月

29

记录新时代

★ 2021 年 10 月 16 日，搭载“神舟十三号”载人飞船的“长征二号”F 遥十三运载火箭点火发射。

十　月

30

记录新时代

★ 2021 年 10 月 17 日，全球首个“智慧零碳”码头——天津港北疆港区 C 段智能化集装箱码头正式投产运营。

十　月

31

记录新时代

十一月

记录新时代

★ 2021 年 10 月 21 日，国家“十三五”科技创新成就展在北京展览馆开幕。图为开幕当日拍摄的中国空间站模型。

十一月

1

记录新时代

★ 2021 年 10 月 24 日在四川省甘孜藏族自治州巴塘县措普沟景区内拍摄的措普湖。

十一月

2

记录新时代

★ 2021 年 10 月 26 日，在北京 2022 年冬奥会倒计时 100 天庆祝活动当天拍摄的国家跳台滑雪中心“雪如意”。

十一月

3

记录新时代

★ 2021 年 11 月 5 日—10 日，第四届中国国际进口博览会在上海举办。图为 2021 年 11 月 6 日拍摄的消费品展区的秘鲁羊驼毛玩偶展台。

十一月

4

记录新时代

★ 2021 年 11 月 8 日—11 日，中国共产党第十九届中央委员会第六次全体会议在北京人民大会堂隆重召开。全会审议通过《中共中央关于党的百年奋斗重大成就和历史经验的决议》。

十一月

5

记录新时代

2021 版中华人民共和国外交电子护照

十一月

6

记录新时代

★ 2021 年 11 月 18 日，国家反垄断局正式挂牌。

十 一 月

7

记录新时代

★ 2021 年 11 月 19 日，在北京故宫午门拍摄的中国空间站过境照片。图中轨迹为多张照片堆栈。

十一月

8

记录新时代

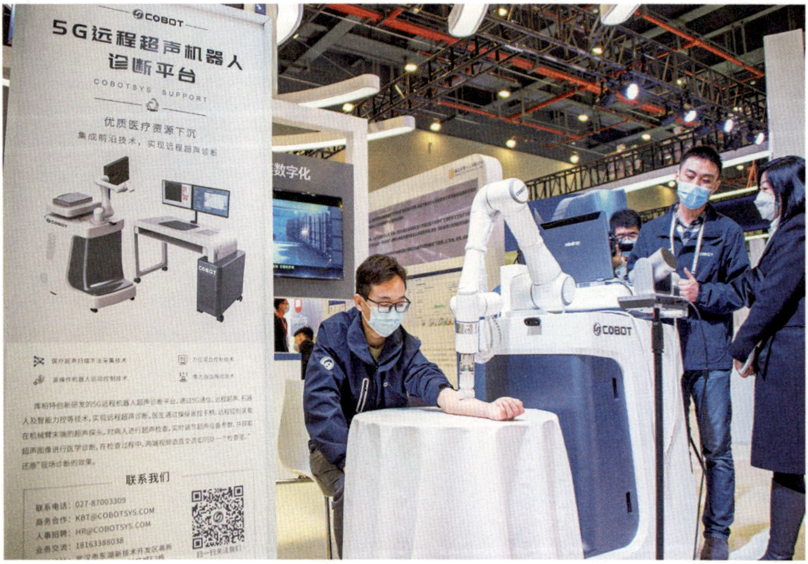

★ 2021 年 11 月 19 日—21 日，2021 中国 5G+工业互联网大会在位于武汉的中国光谷科技会展中心举行。图为工作人员在“5G+工业互联网成果展”现场演示 5G 远程超声机器人诊断平台。

十一月

9

记录新时代

★ 2021 年 11 月 20 日，全国海拔最高的边境派出所——普玛江塘边境派出所的移民管理警察在巡逻。

十一月

10

记录新时代

★ 2021 年 11 月拍摄的广西壮族自治区融水苗族自治县杆洞乡党鸠村夜景。

十一月

11

记录新时代

★ 2021 年 11 月 25 日，2021 年中非视听节目推介会暨中国电视剧《山海情》（法语版）开播仪式在北京和塞内加尔首都达喀尔同步举办。

十一月

12

记录新时代

★ 2021年11月30日，天津市新天钢钢铁集团有限公司“公转铁”项目专用铁路正式开通运营。

十一月

13

记录新时代

★ 2021 年 12 月 1 日，上海市公安局徐汇分局交警支队民警在举行“守法规知礼让·安全文明出行”主题宣传活动中，指导小学生通过 VR 设备体验“大货车盲区”。

十一月

14

记录新时代

★ 2021 年 12 月 3 日，中老铁路正式全线开通运营。图为 2021 年 10 月 15 日拍摄的“澜沧号”动车组通过中老友谊隧道内的两国边界。

十一月

15

记录新时代

★ 2021 年 12 月 5 日，海拔超过 3000 米的兰新高铁山丹马场站正式开办客运业务。图为在祁连山下山丹马场奔跑的骏马。

十一月

16

记录新时代

★ 2021 年 12 月 10 日拍摄的云南省昆明市盘龙区滇源街道甸尾村水杉湿地。

十一月

17

记录新时代

★ 2021 年 12 月 20 日，历时 5 年建设完成的贵安华为云数据中心正式商用。图为 2021 年 5 月 24 日拍摄的华为云数据中心。

十一月

18

记录新时代

★ 2021 年 12 月 24 日，中共中央发布《中国共产党纪律检查委员会工作条例》，这是党的历史上首部全面规范纪律检查委员会工作的党内法规。

十一月

19

记录新时代

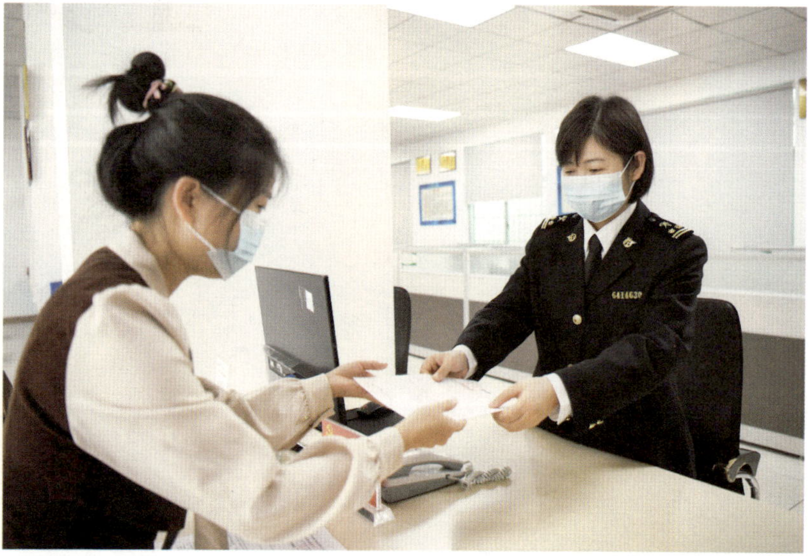

★ 2022年1月1日，《区域全面经济伙伴关系协定》(RCEP)正式生效。图为海关工作人员发放海南省首份RCEP原产地证书。

十一月

20

记录新时代

★ 2022年1月，中国人民解放军空军航空兵某旅组织飞行训练，歼-20战机批次滑出。

十一月

21

记录新时代

★ 2022 年 1 月 20 日，在青海省可可西里国家级自然保护区拍摄的藏羚羊。

十一月

22

记录新时代

★ 2022 年 1 月 31 日，小朋友们在阿联酋迪拜世博园内举办的“感知中国——走进迪拜世博会”活动中给游客拜年。

十一月

23

记录新时代

★ 2022 年 2 月 4 日，第二十四届冬季奥林匹克运动会开幕式在国家体育场举行，北京成为全球首个“双奥之城”。图为北京 2022 年冬奥会开幕式上的主火炬。

十一月

24

记录新时代

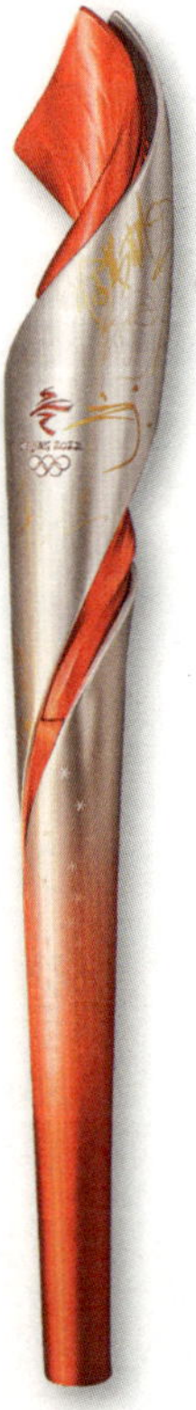

2022 年北京冬奥会冠军签名版北京冬奥会和冬残奥会火炬“飞扬”

十一月

25

记录新时代

★ 2022 年 2 月 17 日，中共中央宣传部在中国共产党历史展览馆主会场举行“奋进新征程 建功新时代”大型主题采访活动启动仪式。图为 2021 年 6 月 22 日拍摄的中国共产党历史展览馆外景。

十一月

26

记录新时代

★ 2022 年 2 月 20 日，北京冬奥会花样滑冰表演滑赛前，吉祥物冰墩墩不小心“摔倒”后，来自世界各地的选手纷纷上前帮忙。

十一月

27

记录新时代

★ 2022 年 2 月 20 日，第二十四届冬季奥林匹克运动会闭幕式在国家体育场举行。

十一月

28

记录新时代

★ 2022 年 2 月 23 日，赴汤加执行运送救灾物资任务的中国人民解放军海军舰艇编队在努库阿洛法港卸载移动板房准备返航。

十一月

29

记录新时代

★ 2022 年 2 月 23 日拍摄的一架农业无人机在陕西省安康市汉滨区早阳镇东湾村的麦地里施肥。

十一月

30

记录新时代

十二月

记录新时代

★ 2022 年 3 月，国产智能垃圾分拣系统在北京市大兴区正式投入使用。图为 2022 年 4 月 28 日拍摄的北京市大兴区西红门镇生活垃圾分类中心垃圾处理车间。

十二月

1

记录新时代

★ 2022 年 3 月 1 日，在中卫云基地拍摄的国家（中卫）新型互联网交换中心机房。

十二月

2

记录新时代

★ 2022 年 3 月 11 日拍摄的广东省汕尾市陆丰海洋工程基地天能重工风电项目。

十二月

3

记录新时代

★ 2022 年 3 月 18 日拍摄的雄安新区剧村变电站内的河北省首个“碳达峰、碳中和”监测平台。

十二月

4

记录新时代

★ 2022 年 4 月 1 日拍摄的苍鹭在宁夏回族自治区平罗县境内的沙湖景区栖息、觅食。

十二月

5

记录新时代

★ 2022 年 4 月 18 日拍摄的位于西藏自治区八宿县境内的然乌湖。

十二月

6

记录新时代

★ 2022 年 4 月 22 日，新疆维吾尔自治区首个高原机场——昭苏天马机场正式投入运营。

十二月

7

记录新时代

★ 2022 年 4 月 22 日，郑渝高铁重庆段联调联试圆满结束，正式进入运行试验阶段。

十 二 月

8

记录新时代

★ 2022 年 4 月 23 日，市民在北京市朝阳区举办的“阅读新时代 奋进新征程——一起阅读·一起学习·一起向未来”新时代文明实践推动日主题活动中表演朗诵。

十二月

9

记录新时代

★ 2022 年 5 月 5 日，孩子们在广西壮族自治区融水苗族自治县易地扶贫搬迁安置小区苗家小镇青年之家“六点小课堂”中参与兴趣活动。

十二月

10

记录新时代

★ 2022 年 5 月 7 日拍摄的大学生志愿者在湖南省资兴市唐洞街道高牌村创作墙体绘画。

十 二 月

11

记录新时代

★ 2022 年 5 月 7 日拍摄的陕西省西安市后宰门小学的学生在“劳动技能大赛”中参加缝扣子比赛的现场。

十 二 月

12

记录新时代

★ 2022 年 5 月 12 日，在中国共产主义青年团成立 100 周年之际，团一大纪念馆建成开放。图为当日拍摄的《先驱》刊载的《中国社会主义青年团第一次全国大会号》复制件。

十二月

13

记录新时代

★ 2022 年 5 月 13 日拍摄的山西省长治市漳泽湖国家城市湿地公园一角。

十二月

14

记录新时代

★ 2022 年 5 月 17 日，由中国航空工业集团有限公司自主研制的大型多用途民用直升机“吉祥鸟”AC313A 在江西景德镇吕蒙机场成功首飞。

十二月

15

记录新时代

★ 2022年5月20日，由我国自主研制的世界在建规模最大、技术难度最高的水电工程——白鹤滩水电站16台百万千瓦机组安装工作全部完成。图为2021年6月10日拍摄的金沙江白鹤滩水电站。

十二月

16

记录新时代

★ 2022 年 6 月 17 日，我国第三艘航空母舰——“福建舰”下水命名仪式在中国船舶集团有限公司江南造船厂举行。

十二月

17

记录新时代

★ 2022 年 7 月 1 日，香港特别行政区政府在金紫荆广场举行升旗仪式，庆祝香港回归祖国 25 周年。图为分别悬挂中华人民共和国国旗、香港特区区旗的直升机从空中飞过。

十二月

18

记录新时代

★ 2022 年 7 月 1 日，上海市新党员代表入党宣誓活动在中共一大会址前举行。

十二月

19

记录新时代

★ 2022 年 7 月 2 日，历时 5 年规划建设的香港故宫文化博物馆正式向公众开放。图为 2022 年 5 月 29 日拍摄的香港故宫文化博物馆外景。

十 二 月

20

记录新时代

★ 2022 年 7 月 5 日，《习近平谈治国理政》第四卷中英文版在福建首发。图为《习近平谈治国理政》第一至四卷。

十二月

21

记录新时代

★ 2022 年 7 月 17 日，我国首个专业货运枢纽机场——位于湖北的鄂州花湖机场正式投运。图为正式投运当日，顺丰航空的全货机在鄂州花湖机场滑行。

十 二 月

22

记录新时代

★ 2022 年 7 月 24 日，搭载着我国首个科学实验舱——问天实验舱的长征五号 B 遥三运载火箭，在我国文昌航天发射中心成功发射。

十 二 月

23

记录新时代

★ 2022 年 8 月 1 日，驻守在“生命禁区”的阿里军分区某边防团普兰边防连以“缅怀革命先烈，弘扬先遗精神”为主题，组织官兵前往普兰县烈士陵园开展祭奠活动。

十二月

24

记录新时代

★ 2022 年 8 月 10 日，中华人民共和国国务院台湾事务办公室、国务院新闻办公室发表《台湾问题与新时代中国统一事业》白皮书。

十 二 月

25

记录新时代

★ 2022年8月14日，以“共享共赢”为主题的第六届丝绸之路国际博览会暨中国东西部合作与投资贸易洽谈会在西安开幕。图为2022年8月16日在第六届丝绸之路国际博览会陕煤集团展位上拍摄的智慧矿山铁路公路自动化装车系统沙盘。

十二月

26

记录新时代

★ 2022 年 8 月 25 日，以“新愿景 新发展 新合作”为主题的第五届中非媒体合作论坛以线上线下结合方式在北京开幕。

十二月

27

记录新时代

★ 2022年8月30日，我国首条跨海高铁——新建福（州）厦（门）铁路全线铺轨贯通。图为2022年4月15日拍摄的建设中的新建福厦铁路湄洲湾跨海大桥。

十二月

28

记录新时代

★ 2022 年 8 月 31 日—9 月 5 日，以“服务合作促发展 绿色创新迎未来”为主题的 2022 年中国国际服务贸易交易会在北京国家会议中心和首钢园区举办。图为 2022 年 9 月 1 日在国家会议中心拍摄的中国服务贸易成就展专区。

十二月

29

记录新时代

★ 2022年9月27日，党中央批准实施的重大文化工程——《复兴文库》大型历史文献丛书第一至三编正式上架。

十二月

30

记录新时代

★ 2022 年 9 月 27 日，“奋进新时代”主题成就展在北京展览馆举办。

十二月

31

记录新时代